Knödel

herzhaft • süß • hausgemacht

AVA VERLAG

Mareen Kurray

Runde, vielfältige Köstlichkeit

Schon als Kind liebte ich Knödel. Wer im Süden Deutschlands aufgewachsen ist, kam um Semmelknödel nicht herum. Ein paar alte Semmeln oder Brezen waren immer mal übrig und aus denen wurden kurzerhand köstliche Semmelknödel gezaubert. Bei Oma gab es ein cremiges Pilzragout und Mama kreierte am Sonntag meist einen Braten mit Blaukraut dazu.

Haben sie schon mal Ihre Oma nach einem Rezept gefragt? Da bekommt man meist die Antwort „ich mach' das nach Gefühl". Also hieß es für mich, zuschauen und selbst ausprobieren. Um ehrlich zu sein, der erste eigene Versuch war weniger erfolgreich und ergab eher eine Art von ungenießbarer Brotsuppe. Um Ihnen dieses Desaster zu ersparen, gibt es hier in diesem Buch mein bestens erprobtes Semmelknödel-Rezept mit vielen Tipps und Tricks für gelingsichere Knödel.

Die klassischen Semmelknödel als Beilage sind natürlich nur eines der vielen Rezepte. Die Knödelküche ist so vielseitig, da ist Abwechslung garantiert und für jeden etwas dabei – klassisch, gefüllt, für jeden Tag, aus aller Welt und natürlich auch süß.

Lassen Sie sich von meiner Knödelliebe anstecken und auch zu eigenen Kreationen inspirieren.

Gutes Gelingen!
Ihre Mareen Kurray

Inhaltsverzeichnis

Verwendete Abkürzungen

g = Gramm
Pck = Päckchen
EL = Esslöffel
TL = Teelöffel
Msp = Messerspitze
ml = Milliliter
l = Liter

Knödel 1x1

Das Knödelbrot und die Flüssigkeit

Das Brot ist die Hauptzutat für Semmel- oder Serviettenknödel. Die meisten Rezepte schlagen Brötchen vom Vortag vor. Es eignen sich auch Baguette, Ciabatta, Weißbrot, Graubrot, Wurzelbrot und andere Brotsorten. Im Idealfall lässt man das Knödelbrot vor dem Zubereiten der Knödelmasse 1–2 Tage trocknen. Auch viele Bäcker und Supermärkte bieten Knödelbrot an. Da dieses meist komplett getrocknet ist, benötigt man eventuell etwas mehr Flüssigkeit bei der Zubereitung der Knödelmasse. Die Flüssigkeitsmenge kann auch je nach verwendeter Brotsorte variieren. Grundsätzlich gilt, erstmal mit etwas weniger Flüssigkeit anzufangen und lieber nochmals etwas nachgießen. Die Knödelmasse sollte gut zu Knödeln formbar sein, aber auch nicht zu fest, sonst werden die Knödel zäh.

Knödel verfeinern

Die Grundmasse der Knödel aus den Grundrezepten lässt sich vielseitig verfeinern.
In die Semmel- oder Serviettenknödelmasse passen unter anderem feine angebraten Speckwürfel, jegliche fein gehackte Kräuter, getrocknete Tomaten in feine Würfel geschnitten, knusprige Röstzwiebeln, fein gehackte Nüsse, Pesto oder andere Gewürzpasten. Auch die Kartoffelknödelmasse lässt sich mit gehackten Kräutern, Röstzwiebeln oder Speck einfach aufpeppen. Allerdings muss dann eventuell noch etwas mehr Bindung in Form von Semmelbröseln bzw. Stärke hinzugefügt werden. Auch gefüllt sind die Knödel ein wahrer Genuss. Füllen Sie diese mit kleinen gerösteten Brotwürfeln, gebratenem Speck, knusprigen Röstzwiebeln, gedünstetem Gemüse, würzigen Käsewürfeln oder zum Beispiel einem Teelöffel Frischkäse. Wählen Sie die Zutaten zum Verfeinern und Füllen je nachdem, was Sie zu den Knödeln reichen. Der Fantasie sind hier keine Grenzen gesetzt.

Ruhe gönnen

Gönnen Sie dem Knödelteig etwas Ruhe. Nachdem die Masse vermengt ist, zugedeckt mindestens 30 Minuten im Kühlschrank ruhen lassen. Nur so können Knödelbrot, Semmelbrösel, Stärke und Co. ihre volle Bindung entwickeln und der Knödel behält besser seine Form. Falls der Knödelteig nach der Ruhezeit noch zu weich erscheint, etwas Semmelbrösel oder bei Kartoffelknödeln etwas Stärke hinzufügen.
Auch nach dem Formen dürfen die abgedrehten Knödel gerne nochmal zugedeckt für mindestens 30 Minuten oder sogar über Nacht in den Kühlschrank.

Gleichmäßig und rund

Die Geheimwaffe für gleichmäßig große Knödel sind Eisportionierer in verschiedenen Größen. Damit lässt sich die Knödelmasse einfach abstechen und portionieren. Dann nur noch mit angefeuchteten Händen bei Semmelknödel oder bemehlten Händen bei Kartoffelknödeln abdrehen. Wer keinen entsprechend großen Eisportionierer zur Hand hat und es ganz genau nimmt, kann die Masse auch mit der Küchenwaage abwiegen. Die Größe der Knödel ist hier auch ganz Ihnen überlassen. Je kleiner der Knödel, desto kürzer die Garzeit.

Das Kochwasser

Das Wasser, in dem die Knödel garen, muss auf jeden Fall gut gesalzen werden und nach Meerwasser schmecken. Ansonsten entzieht es den Knödeln die Würze und diese schmecken hinterher fad. Außerdem darf das Wasser auf keinen Fall mehr kochen, wenn die Knödel hineingegeben werden oder diese schon im Wasser sind, sonst könnte es leicht sein, dass Sie hinterher eine Brot- oder Kartoffelsuppe und keine Knödel mehr haben.

Hilfe, was ist denn da los!?

Wenn die Knödel beim Garen zerfallen, dann fehlt dem Teig die Bindung. Abhilfe verschaffen hier Semmelbrösel. Diese esslöffelweise unter den Semmelknödelteig mengen, bis die Masse etwas fester wird. Bei Kartoffelknödeln ist Speisestärke die Lösung, auch diese nach und nach unter den Teig mischen, bis die Masse fest genug ist. Nicht sicher, ob der Knödelteig richtig ist? Dann bietet es sich an, einen Probeknödel zu garen. Dazu erstmal einen Knödel in das siedende Wasser geben und nach Angaben im Rezept garen. Wenn dieser nicht zerfällt, die restlichen Knödel zubereiten. Ansonsten die Masse mit Semmelbrösel, Stärke, Mehl oder Grieß nachbinden.

Übrige Knödel

Wenn mal ein paar Knödel übrig sind, halten diese sich 1–2 Tage im Kühlschrank. Sie sind perfekt für die Knödel-Auflaufrezepte (Seite 52, 64, 68), das Knödel-Gröstl (Seite 66) oder den Salat mit Knödel-Croûtons (Seite 60). In Scheiben geschnitten und in etwas Butter angebraten, sind übrige Knödel auch eine tolle schnelle Beilage für den nächsten Tag.

Knödel auf Vorrat

Die meisten Knödel lassen sich auf Vorrat einfrieren. Dazu die Knödel wie gewohnt zubereiten und formen. Ungekocht einfrieren – dazu die Knödel auf ein Blech mit Backpapier legen und einfrieren, wenn sie gefroren sind in einen Beutel oder eine Dose geben und im Gefrierschrank lagern. Dort halten sie etwa 6 Monate. Bei Bedarf die Knödel auf Raumtemperatur kommen lassen oder direkt ins siedendem Wasser geben und wie gewohnt garen, bis die Knödel an der Oberfläche schwimmen – dauert je nach Knödelgröße etwa 25 Minuten. Gekocht einfrieren – sind Knödel übrig, werden sie ebenfalls auf ein Blech mit Backpapier gelegt und eingefroren, wenn sie gefroren sind in einen Beutel oder eine Dose geben und im Gefrierschrank lagern. Dort halten sie etwa 6 Monate. Bei Bedarf aus dem Gefrierschrank nehmen und direkt ins siedende Wasser geben und erwärmen bis sie wieder an der Oberfläche schwimmen.
Man muss allerdings dazu sagen, dass die Knödel frisch zubereitet und gleich serviert am besten schmecken.

Grundrezepte

Grundrezept

Kartoffelknödel (Seidenknödel)

Zutaten für 4 Personen

1 kg mehlig kochende Kartoffeln
1 TL + 1 ½ TL Salz
1 Ei
180 g Kartoffelstärke
Muskat nach Belieben
frische Kräuter

1

2

Zubereitung

1. Die Kartoffeln in einen Topf geben, mit kaltem Wasser bedeckt aufkochen. Ein Teelöffel Salz dazu geben und 25–30 Minuten bei mittlerer Hitze weich garen.

2. Die Kartoffeln abgießen, ausdampfen lassen und noch heiß schälen und durch die Kartoffelpresse drücken oder fein stampfen. Anschließend handwarm abkühlen lassen.

3. Die Kartoffelmasse in der Schüssel glatt streichen und vierteln, ein Viertel herausheben und mit Kartoffelstärke auffüllen (ca. 180 g). Das Ei, 1/2 TL Salz und Muskat nach Belieben hinzufügen und alles inklusive dem herausgenommenen Viertel zu einem glatten Teig kneten.

4. Für gleichmäßige Knödel eine Rolle formen und gleichgroße Stücke abteilen, mithilfe eines Eisportionierers Portionen abstechen oder abwiegen. Die Knödel formen. Gegebenenfalls füllen.

5. In einem großen weiten Topf reichlich Salzwasser zum Kochen bringen, die Hitze reduzieren und wenn das Wasser nur noch siedet, die Knödel

ins Wasser geben. Zugedeckt je nach Größe 15–20 Minuten ziehen lassen – das Wasser darf auf keinen Fall mehr kochen! Die Knödel sinken zuerst nach unten, wenn sie wieder aufsteigen sind sie gar.

6. Die fertigen Knödel mit dem Schaumlöffel aus dem Wasser nehmen und mit frischen Kräutern bestreut servieren.

Grundrezept

Brezen-Serviettenknödel

Zutaten für 4 Personen

400 g Brezen/Laugenbrötchen/Laugenstangen vom Vortag
2 Zwiebeln, 2 EL Butter
300 ml Milch, 2 Eier
½ Bund Petersilie
Salz und Pfeffer nach Belieben
etwas Semmelbrösel

Zubereitung

1. Brezen in kleine Würfel schneiden und in eine große Schüssel geben. Die Milch erwärmen, die Hälfte über die Brezenwürfel gießen und gut vermengen, so viel der restlichen Milch dazu geben, bis alle Würfel mit Milch vollgesaugt sind, dann 30 Minuten ziehen lassen.

2. Die Zwiebel schälen, fein würfeln und in der Butter glasig dünsten.

3. Die Petersilie waschen, trocknen und hacken. Die Eier mit den Zwiebeln zur Brezennmasse geben, kräftig mit Salz und Pfeffer würzen und gut vermengen. Falls die Masse zu weich ist und nicht die Form hält, esslöffelweise Semmelbrösel dazu geben.

4. Jeweils die Hälfte der Masse zu einer Rolle formen – die Rolle sollte nur so lange sein, dass sie in den Topf der später zum Garen verwendet wird passt. Die Rollen entweder zuerst in Frischhaltefolie wickeln, die Enden gut verschließen und dann nochmals in Alufolie wickeln und ebenfalls gut verschließen. Oder die Rollen in ein feuchtes Küchentuch rollen und die Enden mit Küchengarn fest verknoten – das Küchentuch sollte auf keinen Fall mit stark parfümiertem Waschmittel oder Weichspüler gewaschen sein, sonst schmecken die Knödel nach dem Kochen nach Waschmittel!

3

4

5

5. In einem großen weiten Topf reichlich Wasser zum Kochen bringen, die Hitze reduzieren und wenn das Wasser nur noch siedet, die Knödelrollen ins Wasser geben. Zugedeckt 30 Minuten ziehen lassen – das Wasser darf auf keinen Fall mehr kochen! Nach der Hälfte der Kochzeit einmal wenden.

6. Die fertigen Serviettenknödel aus dem Wasser nehmen, vorsichtig auswickeln, in Scheiben schneiden und servieren. Optional können die Knödelscheiben vor dem Servieren noch in etwas Butter angebraten werden.

Grundrezept

Semmelknödel

Zutaten für 4 Personen

400 g Brötchen vom Vortag oder Knödelbrot
2 Zwiebeln, 2 EL Butter
300–500 ml Milch, 2 Eier
½ Bund Petersilie
Muskat, Salz und Pfeffer nach Belieben
etwas Semmelbrösel
frische Kräuter zum Bestreuen

Zubereitung

1. Brötchen in kleine Würfel schneiden und in eine große Schüssel geben. Die Milch erwärmen – für Brötchen vom Vortag braucht man eher 300 ml Milch, für getrocknetes Knödelbrot bis zu 500 ml. Die Hälfte der Milch über die Brotwürfel gießen und gut vermengen, so viel der restlichen Milch dazu geben, bis alle Würfel mit Milch vollgesaugt sind, dann 30 Minuten ziehen lassen.

2. Die Zwiebel schälen, fein würfeln und in der Butter glasig dünsten.

3. Die Eier verquirlen. Petersilie waschen, trocknen und hacken. Beides mit den Zwiebeln zur Brötchenmasse geben, kräftig mit Salz und Pfeffer würzen und gut vermengen. Falls die Masse zu weich ist und nicht die Form hält, esslöffelweise Semmelbrösel dazu geben.

4. Je nach Gusto zum Beispiel mithilfe eines Eisportionierers 8/16/24/32 Knödel aus der Masse formen. Diese auf ein Blech legen und zugedeckt eine Stunde kalt stellen.

5. In einem großen weiten Topf reichlich Salzwasser zum Kochen bringen, die Hitze reduzieren und wenn das Wasser nur noch siedet, die Knödel

3

4

5

ins Wasser geben. Zugedeckt je nach Größe 15–20 Minuten ziehen lassen – das Wasser darf auf keinen Fall mehr kochen! Nach der Hälfte der Kochzeit einmal wenden, dazu die Knödel mit einem Löffel leicht nach unten drücken, dann drehen sie sich von alleine.

6. Die fertigen Knödel mit dem Schaumlöffel aus dem Wasser nehmen und mit frischen Kräutern bestreut servieren.

Das Runde muss in die Suppe

Brätknödelsuppe

Zutaten für 4 Personen

1 Brötchen vom Vortag
125 ml Milch
2 Eier
250 g Kalbsbrät
Semmelbrösel nach Bedarf
Muskat
Salz und Pfeffer nach Belieben
1 ½ Liter Rinderbrühe
frischer Schnittlauch nach Belieben
Backerbsen zum Servieren

Zubereitung

1. Das Brötchen in kleine Würfel schneiden. Die Milch erhitzen, über die Würfel gießen und 10 Minuten einweichen lassen.

2. Die Eier mit dem Brät vermengen, die Brötchnemasse dazu geben und zu einer glatten Masse verrühren. Alles mit Muskat, Salz und Pfeffer würzen. Falls die Masse zu weich ist, um daraus Knödel zu formen, esslöffelweise Semmelbrösel untermischen, bis eine weiche formbare Masse entsteht.

3. Nun die Knödel in einem weiten Topf mit Salzwasser oder direkt in der Brühe garen. Dazu das Wasser oder die Brühe aufkochen und Hitze reduzieren. Mithilfe eines Portionierers oder Löffels Kugeln von der Masse abstechen, mit angefeuchteten Händen vorsichtig zu Knödeln formen und ins siedende Wasser gleiten lassen. Zugedeckt 15–20 Minuten gar ziehen lassen.

4. Die Knödel in der Brühe mit frischen Schnittlauchröllchen und Backerbsen servieren.

Erbsen-Dill-Suppe mit Fischklößchen

Zutaten für 4 Personen

Für die Suppe
600 g mehlig kochende Kartoffeln
800 ml Gemüsebrühe
500 g Erbsen (TK oder frisch)
200 ml Sahne
1 EL frischer Dill
Salz und Pfeffer nach Belieben

Für die Klößchen
400 g Seelachs oder Kabeljau
2 Scheiben Weißbrot
75 ml Sahne
Semmelbrösel nach Bedarf
½ Bio-Zitrone
Salz und Pfeffer nach Belieben

Zubereitung

1. Die Kartoffeln schälen und würfeln. Die Brühe aufkochen, die Kartoffelwürfel und 2/3 der Erbsen dazu geben und 20 Minuten zugedeckt köcheln.

2. Den Fisch gut trocken tupfen. Das Brot in der Sahne 5 Minuten einweichen. Beides im Multizerkleinerer mixen, dass eine formbare Masse entsteht. Falls nötig etwas Semmelbrösel hinzufügen. Die Masse mit Salz und Pfeffer und etwas Zitronenabrieb würzen. Aus der Masse 12 gleich große Klößchen formen.

3. Die Sahne hinzufügen und mit dem Pürierstab fein mixen. Nochmals aufkochen, die restlichen Erbsen dazu geben, Hitze reduzieren, warten bis die Suppe nicht mehr kocht und Klößchen dazu geben und 5 Minuten zugedeckt gar ziehen lassen – auf keinen Fall kochen, sonst fallen die Klößchen auseinander.

4. Die Suppe mit dem Dill, etwas Zitronensaft, Salz und Pfeffer abschmecken und servieren.

Frühlingssuppe mit Bärlauch-Grießknödeln

Zutaten für 4 Personen

Für die Klößchen
100 ml Milch
15 g Butter
50 g Hartweizengrieß
15 g Bärlauch
1 kleines Ei
Salz, Pfeffer und Muskat zum Abschmecken

Für die Suppe
250 g grüner Spargel
1 kleine Stange Lauch
1 Kohlrabi
4 Frühlingszwiebeln
100 g frischer Spinat
1 Zwiebel
1 EL Öl
1 l Gemüsebrühe
200 g Erbsen
etwas Zitronensaft
Salz und Pfeffer nach Belieben

Zubereitung

1. Für die Klößchen die Milch mit der Butter aufkochen, den Grieß einrühren, vom Herd nehmen und 5 Minuten quellen lassen. Den Bärlauch waschen und fein hacken.

2. Den Grieß in eine Schüssel umfüllen und eventuell etwas abkühlen lassen, dann das Ei mit dem Rührgerät unterrühren, die Masse sollte fest und formbar sein. Ist sie zu weich, etwas Grieß einstreuen, ist sie zu fest, teelöffelweise etwas Wasser dazu geben. Die Masse mit Salz, Pfeffer und Muskat abschmecken und 10 Minuten beiseite stellen.

3. Dann ca. 20 kleine Bällchen formen. Wasser mit Salz in einem Topf aufkochen, die Klößchen darin 10 Minuten bei schwacher Hitze gar ziehen lassen und abschöpfen.

4. Den Spargel waschen, die holzigen Enden entfernen und in Stücke schneiden. Den Lauch waschen und in Ringe schneiden, den Kohlrabi schälen und würfeln. Die Frühlingszwiebeln waschen und in Ringe schneiden. Den Spinat waschen und die groben Stiele entfernen. Die Zwiebel schälen und fein würfeln, in einem großen Topf im Öl andünsten, Spargel, Lauch, Kohlrabi und die weißen Teile der Frühlingszwiebel dazu geben, kurz mit dünsten, dann mit der Brühe ablöschen, aufkochen und 10 Minuten geschlossen leicht köcheln lassen. Die Erbsen dazu geben und kurz mit garen.

5. Die Grießknödel und den Spinat zur Suppe geben, mit Zitronensaft, Salz und Pfeffer abschmecken und servieren.

Gartengemüse-Eintopf mit Fleischknödelchen

Zutaten für 4 Personen

Für den Eintopf
1 Bund Suppengrün
1 Zwiebel
2 Lorbeerblätter
4 Wacholderbeeren
1 TL Pfefferkörner
1 kleiner Lauch
500 g Kartoffeln
2 Karotten
200 g Rosenkohl
150 g grüne Bohnen
etwas Öl
150 g Erbsen
Salz und Pfeffer
nach Belieben
frische Petersilie

Für die Fleischknödelchen
1 Scheibe Toast
1 Schalotte
etwas Öl
250 g Hackfleisch
1 Ei
1 EL gehackte Petersilie
Salz und Pfeffer
Öl zum Braten

Zubereitung

1. Für die Gemüsebrühe das Suppengrün putzen und in Stücke schneiden. Die Zwiebel halbieren und im Suppentopf mit der Schnittseite nach unten ohne Fett bräunen, das restliche Gemüse dazu geben und mit 1 ½ Liter Wasser aufgießen. Die Lorbeerblätter, die Wacholderbeeren, die Pfefferkörner und 1 TL Salz dazu geben und alles aufkochen. Die Hitze reduzieren und mit geschlossenem Deckel 30 Minuten köcheln lassen. Die Brühe durch ein Sieb mit Passiertuch abgießen.

2. In der Zwischenzeit die Fleischknödelchen zubereiten. Dazu das Toastbrot kurz in kaltem Wasser einweichen. Die Schalotte fein würfeln und in etwas Öl glasig dünsten. Das Hack, die Schalotte, das ausgedrückte Toastbrot und das Ei kräftig würzen und gut vermengen, dann 20 kleine Bällchen formen und in der Pfanne in etwas Öl braten, anschließend beiseite stellen.

3. Den Lauch gut waschen und in Ringe schneiden, die Kartoffeln schälen, halbieren oder vierteln und in Scheiben schneiden, die Karotten schälen und in Scheiben schneiden, die äußersten Blätter des Rosenkohls entfernen, die Bohnen waschen und die Enden entfernen.

4. Den Lauch und die Kartoffeln kurz in etwas Öl andünsten, dann mit der Brühe ablöschen, aufkochen und 10 Minuten köcheln lassen.

5. Die Karotten, den Rosenkohl und die Bohnen hinzufügen und weitere 10 Minuten köcheln, bis alles gar ist. Zum Schluss die Erbsen ein paar Minuten mit garen. Die Suppe mit Salz und Pfeffer abschmecken. Die Fleischknödelchen hinzugeben und warm werden lassen. Dann mit etwas frisch gehacktem Petersilie bestreuen und servieren.

Kartoffel-Sellerie-Suppe mit Hackklößchen

Zutaten für 4 Personen

Für die Suppe
1 Zwiebel
1 Lauch
700 g Kartoffeln
2 Karotten
100 g Knollensellerie
1 EL Öl
½ TL Thymian
1 l Gemüsebrühe
100 g Schmand
Salz und Pfeffer
nach Belieben
frische Petersilie

Für die Fleischknödelchen
1 Scheibe Toast
1 Schalotte
etwas Öl
250 g Hackfleisch
1 Ei
1 EL gehackte Petersilie
Salz und Pfeffer
Öl zum Braten

Zubereitung

1. Für die Suppe die Zwiebel schälen und fein würfeln, den Lauch waschen und in Ringe schneiden. Die Kartoffeln, Karotten und den Sellerie schälen und in Würfel schneiden.

2. Das Öl in einem Topf erhitzen und die Zwiebel darin glasig dünsten, das restliche Gemüse dazu geben und kurz mit dünsten. Den Thymian unterrühren und alles mit der Brühe ablöschen, aufkochen und 20 Minuten köcheln lassen.

3. In der Zwischenzeit die Hackklößchen zubereiten. Dazu das Toastbrot kurz in kaltem Wasser einweichen. Die Schalotte fein würfeln und in etwas Öl glasig dünsten. Das Hack, die Schalotte, das ausgedrückte Toastbrot und das Ei kräftig würzen und gut vermengen, dann 20 kleine Bällchen formen und in der Pfanne in etwas Öl braten, anschließend beiseite stellen.

4. 6 Esslöffel der Gemüsewürfel aus der Brühe nehmen. Den Rest mit dem Pürierstab mixen. Den Schmand untermischen und alles mit Salz und Pfeffer abschmecken.

5. Die Suppe mit den Gemüsewürfeln, den Hackklößchen und in paar Klecksen Schmand servieren.

Leberknödelsuppe

Zutaten für 4 Personen

400 g Leber
2 Brötchen vom Vortag
1 Zwiebel
150 g geräucherter durchwachsener Speck
¼ Bund Petersilie
2 Eier
Semmelbrösel nach Bedarf
Majoran
Muskat
Salz und Pfeffer nach Belieben
1 ½ Liter Rinderbrühe
frischer Schnittlauch nach Belieben

Tipp:

Die Leberknödel schmecken auch zu Sauerkraut und Kartoffelpüree sehr fein.

Zubereitung

1. Die Leber, die Brötchen, die Zwiebel und den Speck in Stücke schneiden, durch den Fleischwolf drehen und in eine Schüssel geben.

2. Die Petersilie fein hacken und mit den Eiern zur Masse geben und gut miteinander vermengen. Esslöffelweise Semmelbrösel dazu geben, bis eine formbare Masse entsteht. Diese Masse mit Majoran, Muskat, Salz und Pfeffer kräftig würzen.

3. Die Knödelmasse mit einem Portionierer oder Esslöffel portionieren und mit angefeuchteten Händen zu etwa 20 Knödeln formen.

4. Die Brühe in einem weiten Topf aufkochen, die Hitze reduzieren. Die Knödel in die siedende – nicht mehr kochende – Brühe geben und zugedeckt 15–20 Minuten gar ziehen lassen.

5. Die Leberknödelsuppe mit frischen Schnittlauchröllchen servieren.

Spitzkohl-Eintopf mit Bratwurstklößchen

Zutaten für 4 Personen

1 Zwiebel
1 kleiner Spitzkohl
2 große Kartoffeln
2 rote Paprika
1 EL Öl zum Dünsten
1 l Gemüse- oder Rinderbrühe
4 rohe grobe Bratwürste
Salz und Pfeffer nach Belieben
frischer Schnittlauch zum Bestreuen

Zubereitung

1. Die Zwiebel schälen und fein Würfeln. Die äußeren Blätter des Spitzkohls entfernen und den Rest vom Strunk her in breite Streifen, dann in Stücke schneiden. Die Kartoffeln schälen und würfeln, die Paprikas waschen, halbieren, Kerne entfernen und in Würfel schneiden.

2. In einen großen Topf das Öl erhitzen, die Zwiebelwürfel darin glasig dünsten, die Kartoffeln und die Paprika dazu geben und kurz mit andünsten. Anschließend mit der Brühe ablöschen, aufkochen und 10 Minuten zugedeckt köcheln lassen.

3. Die Wurstmasse in kleinen, gleich großen Portionen aus der Pelle drücken und mit angefeuchteten Händen zu kleinen Klößchen formen.

4. Den Kohl und die Paprika zur Suppe geben und durchrühren und warten, bis die Brühe wieder siedet. Die Klößchen dazu geben und alles 10 Minuten garen lassen.

5. Den Spitzkohl-Eintopf mit Salz und Pfeffer abschmecken und mit frischem Schnittlauch in Röllchen geschnitten servieren.

Tiroler Speckknödelsuppe

Zutaten für 4 Personen

Für die Knödel
250 ml Milch
200 g Knödelbrot oder
4 Brötchen vom Vortag
2 Eier
1/2 Bund Petersilie
1 kleine Zwiebel
100 g Speck in Würfeln
1 EL Butter
3 EL Mehl
Muskat, Salz und Pfeffer
nach Belieben

Für die Suppe
1 ½ Liter Rinder- oder
Gemüsebrühe
1 Stange Lauch
2 Karotten
etwas frischer Schnittlauch

Zubereitung

1. Die Milch erwärmen. Die Brötchen in sehr kleine Würfel schneiden, in eine große Schüssel geben und mit der lauwarmen Milch übergießen. Die Eier verquirlen und unter die Masse mengen. Alles 30 Minuten ziehen lassen.

2. Die Petersilie fein hacken. Die Zwiebel schälen und fein würfeln, den Speck ebenfalls würfeln. Beides in einer Pfanne in der Butter andünsten, dann mit den Kräutern und dem Mehl zur Knödelmasse geben und alles gut miteinander vermengen. Den Knödelteig mit Muskat, Salz und Pfeffer würzen.

3. Mit befeuchteten Händen 12 Knödel formen und diese eine Stunde zugedeckt kalt stellen.

4. In einem weiten Topf reichlich Salzwasser zum Kochen bringen, Temperatur reduzieren und die Knödel darin 10–13 Minuten ziehen lassen, aber nicht mehr kochen.

5. In der Zwischenzeit die Brühe aufkochen. Den Lauch halbieren, gut waschen und in dünne Streifen schneiden, die Karotten schälen und in Julienne schneiden. Beides in die kochende Brühe geben und 5 Minuten leicht köcheln lassen.

6. Die Knödel mit einem Schaumlöffel aus dem Wasser nehmen, in der Brühe anrichten und mit Schnittlauchröllchen bestreut servieren.

Tomatensuppe mit Spinat-Ricottaklößchen

Zutaten für 4 Personen

Für die Suppe
1 Zwiebel
2 Knoblauchzehen
Öl zum Dünsten
2 Dosen à 400 g Tomaten in Stücken
1 TL Oregano
1–2 TL Gemüsebrühepulver
1 TL Zucker
Chiliflocken
Salz und Pfeffer nach Belieben

Für die Klößchen
25 g Bärlauch
1 TL Öl zum Dünsten
75 g Ricotta
1 Ei
50 g geriebener Parmesan
100 g Mehl
1–2 EL Maisgrieß
Salz und Pfeffer nach Belieben

Zubereitung

1. Die Zwiebel und den Knoblauch schälen und fein würfeln. Das Öl in einem großen Topf erhitzen und die Zwiebel- und Knoblauchwürfel darin anschwitzen. Die Tomaten dazu geben, die Dosen mit Wasser ausschwenken und das Wasser mit in den Topf geben. Den Oregano, das Brühepulver, den Zucker, Chili, Salz und Pfeffer dazu geben, aufkochen und 30 Minuten leicht köcheln lassen.

2. Für die Klößchen den Bärlauch hacken und in dem Öl andünsten. Den Ricotta mit dem Ei, dem Parmesan, dem Mehl und einem Esslöffel Maisgrieß vermengen, den Bärlauch dazu geben und kräftig mit Salz und Pfeffer würzen. Die Masse 10 Minuten ziehen lassen. Falls sie zu weich ist, den restlichen Grieß dazu geben. Aus der Ricottamasse 16 gleichgroße Klößchen formen.

3. In einem weiten Topf Salzwasser zum Kochen bringen, Hitze reduzieren, wenn es nur noch siedet die Klößchen hineingeben und 10 Minuten gar ziehen lassen.

4. Die Tomatensuppe nach Belieben passieren und nochmals mit Salz und Pfeffer abschmecken.

5. Die Klößchen mit der Schaumkelle abschöpfen und mit der Tomatensuppe servieren.

Knödel für jeden Tag

Böhmische Klöße mit Szegediner Gulasch

Zutaten für 6 Personen

Für die Klöße
500 g Weizenmehl Type 405
½ Würfel Hefe
1 TL Zucker
250 ml Milch
1 Ei
1+3 TL Salz
1 EL Öl

Für das Szegediner Gulasch
3 Zwiebeln
1 kg Gulasch
Öl zum Braten
2 EL Tomatenmark
2 EL Paprikamark
800 ml Rinderfond
2 TL Paprika (mild oder rosenscharf)
1 TL Majoran
1 Prise Kümmel
2 Lorbeerblätter
Salz und Pfeffer nach Belieben
500 g Sauerkraut
½ Bund Petersilie
200 g Sauerrahm

Zubereitung

1. Für die Klöße das Mehl in ein Rührschüssel geben, eine Mulde formen, die Hefe in die Mulde krümeln, den Zucker dazu geben. Die Milch handwarm erwärmen und die Hälfte davon mit der Hefe verrühren und 5 Minuten ruhen lassen, bis sich Bläschen bilden. Die restliche Milch, das Ei und 1 TL Salz dazu geben und alles 7 Minuten lang zu einem glatten Hefeteig kneten. Den Teig zugedeckt eine Stunde gehen lassen.
2. Für das Gulasch die Zwiebeln schälen und würfeln. In einem Schmortopf das Fleisch in mehreren Portionen in etwas Öl scharf anbraten und aus dem Topf nehmen. Hitze etwas reduzieren und die Zwiebeln andünsten, das Tomaten- und Paprikamark dazu geben und kurz mit anschwitzen, dann mit dem Fond ablöschen. Das Fleisch, Paprika, Majoran, Kümmel und Lorbeerblätter dazu geben, mit Salz und Pfeffer würzen und aufkochen. Bei schwacher Hitze nicht ganz zugedeckt 90 Minuten schmoren lassen. Das Sauerkraut in einem Sieb abtropfen lassen.
3. Den Teig zu zwei Rollen formen, die Länge so wählen, dass die Rollen in den Topf passen. Zugedeckt nochmals 20 Minuten gehen lassen.
4. In einem sehr großen Topf Wasser aufkochen, 2–3 Teelöffel Salz und das Öl dazu geben. Die Rollen ins Wasser geben, die Hitze reduzieren und zugedeckt 20 Minuten garen. Das Wasser darf nicht mehr kochen.
5. Die Lorbeerblätter herausnehmen. Das Sauerkraut dazu geben und weitere 20 Minuten köcheln lassen. Die Petersilie fein hacken und untermischen, alles mit Salz und Pfeffer abschmecken.
6. Die Klöße mit der Schaumkelle aus dem Wasser heben und am besten mit Küchengarn in Scheiben schneiden. Die Böhmischen Klöße mit dem Szegediner Gulasch und dem Sauerrahm servieren.

Brezenknödel-Leberkäse-Kraut-Auflauf

Zutaten für 4 Personen

Für die Knödel
400 g Brezen/Laugenbrötchen/Laugenstangen vom Vortag
1 Zwiebel
1 EL Butter
300 ml Milch
2 Eier
Salz und Pfeffer nach Belieben
etwas Semmelbrösel

Außerdem
1 Zwiebel
1 EL Butterschmalz
400 g Sauerkraut
2 EL Ahornsirup
50 ml Bier
1 Lorbeerblatt
6 Wacholderbeeren
400 g Leberkäse, gewürfelt
etwas Öl
300 ml Sahne
2 TL Senf
Salz und Pfeffer nach Belieben
frischer Schnittlauch

Tipp:

Dieses Rezept ist perfekt für übrige Knödel vom Vortag. Nur Serviettenknödel übrig? Die Knödel in Scheiben auf den Auflauf legen.

Zubereitung

1. Die Brezen in kleine Würfel schneiden und in eine Schüssel geben. Die Milch erwärmen, die Hälfte über die Brezenwürfel gießen und gut vermengen, so viel der restlichen Milch dazu geben, bis alle Würfel mit Milch vollgesaugt sind, 30 Minuten ziehen lassen.
2. Die Zwiebel schälen, fein würfeln und in der Butter glasig dünsten. Die Eier mit den Zwiebeln zur Brezenmasse geben, kräftig mit Salz und Pfeffer würzen und gut vermengen. Falls die Masse zu weich ist und nicht die Form hält, esslöffelweise Semmelbrösel dazu geben. Aus der Masse 24 kleine Knödel formen und 1 Stunde zugedeckt kalt stellen.
3. Die Knödel in einem großen Topf in reichlich siedendem Salzwasser bei schwacher Hitze 15 Minuten gar ziehen lassen. Mit dem Schaumlöffel herausnehmen.
4. Für das Kraut die Zwiebel schälen und fein würfeln. Das Butterschmalz in einem Topf erwärmen, die Zwiebel darin glasig dünsten, das Sauerkraut abtropfen lassen und gut ausdrücken, zu den Zwiebeln geben und kurz mit dünsten, den Ahornsirup, das Bier, das Lorbeerblatt und die Wacholderbeeren dazu geben und bei geschlossenem Deckel mindestens 10 Minuten leicht köcheln lassen, ab und an umrühren.
5. Den Backofen vorheizen und eine Auflaufform fetten. Das Sauerkraut (ohne Lorbeerblatt und Wacholderbeeren) in die Auflaufform geben, die Knödel und die Leberkäsewürfel darauf verteilen. Die Sahne mit dem Senf verrühren, mit Salz und Pfeffer kräftig würzen und über den Auflauf verteilen. Im vorgeheizten Ofen backen.
   Backzeit: 20–25 Minuten bei 200 °C (180 °C Umluft)
6. Den Auflauf auf dem Ofen nehmen und 5–10 Minuten ruhen lassen, dann mit frischem Schnittlauch bestreuen und servieren.

Brezenknödel-Muffins mit Obazda

Zutaten für 4 Personen

Für die Knödel-Muffins
400 g Brezen oder Laugenstangen vom Vortag
300 ml Milch
1–2 EL Butter
1 Zwiebel
100 g Speckwürfel
1 EL Butterschmalz
3 Eier
½ Bund Petersilie
Salz und Pfeffer nach Belieben

Für den Obazda
150 g Camembert
125 g Quark
175 g Frischkäse
½ Bund Schnittlauch
Paprikapulver
gemahlener Kümmel
Salz und Pfeffer nach Belieben

Tipp:

Die Knödel-Muffins sind der perfekte Picknick-Snack oder die ideale Beilage zu Braten und Co.

Zubereitung

1. Für die Knödel-Muffins die Brezen oder Laugenstangen in Würfel schneiden und in eine Schüssel geben. Die Milch erwärmen, über die Würfel geben und etwas ziehen lassen.

2. Die Mulden eines Muffinblechs mit der Butter gut einfetten. Den Backofen vorheizen.

3. Die Zwiebel schälen und fein würfeln und mit den Speckwürfeln in einer Pfanne im Butterschmalz andünsten. Den Schnittlauch in Röllchen schneiden. Die Eier trennen.

4. Die Zwiebeln und den Speck mit den Schnittlauchröllchen und den Eigelben zur Brezenmasse geben, kräftig mit Salz und Pfeffer würzen und gut vermengen. Die Masse 15 Minuten ziehen lassen. Das Eiklar zu Eischnee aufschlagen und unterheben. Die Masse gleichmäßig auf die Mulden des Muffinblechs verteilen. Im vorgeheizten Ofen backen.
   Backzeit: ca. 20 Minuten bei 180 °C (Umluft 160 °C)

5. Für den Obadzda den Camembert klein schneiden und mit einer Gabel zerdrücken, dann mit Quark und Frischkäse vermengen. Schnittlauch in Röllchen schneiden und untermischen. Mit Paprika, Kümmel, Salz und Pfeffer kräftig abschmecken.

6. Die Semmelknödel-Muffins lauwarm oder kalt mit dem Obazda servieren.

Entenbrust mit Kartoffelquetschknödel

Zutaten für 4 Personen

Für die Kartoffelquetschknödel
1 kg mehlig kochende Kartoffeln
1 TL + 1½ TL Salz
1+1 Ei
180 g Kartoffelstärke
Muskat nach Belieben
Öl zum Braten

Außerdem
3 Entenbrüste mit Haut
500 g Brokkoli
1 Grapefruit
Olivenöl zum Beträufeln
Salz und Pfeffer nach Belieben
1 Schalotte
125 ml Rotwein
200 ml Geflügelfond
1–2 EL Speisestärke

Zubereitung

1. Den den Knödelteig nach dem Grundrezept für Kartoffelknödel auf Seite 16 zubereiten. Die Knödelmasse zu einer Rolle formen und 16 gleich große Stücke abteilen, jedes Stück zu einer Kugel formen.
2. Den Backofen vorheizen und ein Backblech mit Backpapier auslegen.
3. Die Entenbrüste trocken tupfen, die Haut einschneiden und auf beiden Seiten mit Salz und Pfeffer würzen. Das Fleisch mit der Haut nach unten in eine kalte Pfanne legen und langsam erhitzen, auf der Hautseite knusprig anbraten, dann wenden und kurz scharf anbraten.
4. Den Brokkoli waschen und in Röschen schneiden, den Stiel schälen, in Stücke schneiden und auf eine Hälfte des Bleches legen. Die Grapefruit halbieren, eine Hälfte in Scheiben schneiden, die andere Hälfte auspressen. Die Scheiben zum Brokkoli geben und alles mit dem Saft und etwas Olivenöl beträufeln und mit Salz und Pfeffer würzen. Die Entenbrüste aufs Blech legen und beides im Ofen rösten.
   Backzeit: 17–20 Minuten bei 180 °C (160 °C Umluft)
5. Das Fett bis auf 1 EL aus der Pfanne gießen. Die Schalotte schälen und fein würfeln, im Fett glasig dünsten, mit dem Wein und dem Fond ablöschen und aufkochen. Die Stärke mit etwas kaltem Wasser glatt rühren und die Soße damit andicken, 2 Minuten köcheln lassen.
6. Die Kartoffelknödel zusammenquetschen und in einer Pfanne in etwas Öl von beiden Seiten anbraten.
7. Die Hähnchenbrust in Scheiben schneiden und mit dem Brokkoli und den Kartoffelquetschknödeln und der Soße servieren.

Gebratene Kartoffeltaler mit Spargel

Zutaten für 4 Personen

Für die Knödeltaler
1 kg mehlig kochende Kartoffeln
1 TL + 1 ½ TL Salz
1+1 Ei
180 g Kartoffelstärke
Muskat nach Belieben
Öl zum Braten

Für die schnelle Kräuter-Hollandaise
150 g Butter
½ Bund Kräuter (z.B. Petersilie, Schnittlauch, Kerbel)
2 sehr frische Eigelb
1 EL griechischer Joghurt
EL Zitronensaft
Salz und Pfeffer nach Belieben

Außerdem
1 kg Spargel
1 Prise Zucker
1 Prise Salz
½ Zitrone

Zubereitung

1. Den den Knödelteig nach dem Grundrezept für Kartoffelknödel auf Seite 16 zubereiten. Die Knödelmasse zu einer Rolle formen und 16 gleich große Stücke abteilen, jedes Stück zu einer Kugel Formen und zu einem Taler platt drücken.

2. Den Spargel waschen, die holzigen Enden abschneiden und eventuell das untere Drittel schälen.

3. In einem großen weiten Topf Wasser zum Kochen bringen, die Hitze reduzieren, mit einer Prise Zucker und Salz und dem Saft der halben Zitrone würzen. Den Spargel hinein geben und etwa 10 Minuten bis zur gewünschten Bissfestigkeit köcheln lassen.

4. Die Taler in einer Pfanne in etwas Öl von beiden Seiten anbraten.

5. Für die Hollandaise die Butter schmelzen und die Kräuter fein hacken. Die Eigelbe mit dem Joghurt und dem Zitronensaft mit Passierstab mixen, die heiße Butter in einem dünnen Strahl bei laufendem Passierstab langsam hinzugießen und den Passierstab langsam nach oben ziehen und emulgieren. Zum Schluss die Kräuter mit einem Löffel unterrühren und mit Salz und Pfeffer abschmecken.

6. Die Spargel mit den Kartoffelknödeltaler und der Kräuter-Hollandaise gleich servieren.

Gebratene Semmelknödel-Croûtons auf buntem Salat

Zutaten für 4 Personen

2 EL Pinienkerne
3–4 Semmelknödel vom Vortag
Butter zum Braten
1 Kopf Salat
½ Bund Radieschen
1 Gurke
2 Tomaten
1 orange Paprika
¼ Rotkohl
1 kleine Dose Mais
200 g Feta

Für die Vinaigrette

1 Schalotte
3 EL Rapsöl
2 EL Apfelessig
1 TL scharfer Senf
1 EL Honig
Salz und Pfeffer nach Belieben
2 TL frisch gehackte Gartenkräuter

Zubereitung

1. Die Pinienkerne in einer Pfanne ohne Fett rösten.

2. Die Semmelknödel zuerst in Scheiben, dann in Würfel schneiden. Etwas Butter in der Pfanne erhitzen und die Semmelknödelwürfel darin knusprig anbraten. Aus der Pfanne nehmen und beiseite stellen.

3. Den Salat, die Radieschen, die Gurke, die Tomaten und die Paprika waschen. Die Salatblätter in Stücke zupfen und in eine große Salatschüssel geben. Die Radieschen und die Gurken und Scheiben schneiden. Die Tomaten in Stücke und die Paprika in Streifen schneiden. Den Rotkohl in dünnen Streifen vom Strunk hobeln. Alles zum Salat in die Schüssel geben. Den Mais abgießen und dazu geben, den Feta darüber krümeln.

4. Für die Vinaigrette die Schalotte schälen und sehr fein würfeln, dann alle Zutaten miteinander verquirlen und mit Salz und Pfeffer abschmecken.

5. Die Semmelknödel-Croûtons und die Pinienkerne zum Salat geben und kurz vor dem Servieren mit der Vinaigrette anmachen.

Hähnchen-Pfanne mit Knödeltopping

Zutaten für 4 Personen

Für die Hähnchen-Pfanne
3–4 Hähnchenbrustfilets
1 Zwiebel
1 Knoblauchzehe
2 Karotten
2 Staudensellerie
Öl zum Braten
2 EL Mehl
300 ml Hühnerfond
200 ml Sahne
150 g Erbsen (frisch oder TK)
½ Bund Petersilie
Salz und Pfeffer nach Belieben

Für das Knödeltopping
100 g Butter
80 ml Milch
100 g geriebener Parmesan
200 g Mehl
½ TL Thymian
1 TL Backpulver
1 Prise Salz
Pfeffer nach Belieben

Zubereitung

1. Die Hähnchenbrustfilets trocken tupfen und in Streifen schneiden. Die Zwiebel und den Knoblauch schälen und würfeln. Die Karotten schälen und in Stücke schneiden, den Sellerie waschen und in Ringe schneiden.
Den Backofen vorheizen.

2. Das Hähnchen in einer für den Backofen geeignete Pfanne in etwas Öl anbraten. Die Zwiebel und den Knoblauch dazu geben und mit andünsten. Die Karotten und den Sellerie dazu geben und kurz mit anschwitzen. Das Mehl darüber streuen und untermengen, dann nach und nach mit dem Fond und der Sahne unter Rühren aufgießen, aufkochen, 5 Minuten köcheln lassen. Die Erbsen hinzufügen und mit Salz und Pfeffer abschmecken. Die Petersilie fein hacken und untermischen.

3. Für das Knödeltopping die Butter und die Milch bei schwacher Hitze erwärmen bis die Butter geschmolzen ist. Den Parmesan mit dem Mehl, dem Thymian und dem Backpulver verrühren, die Milch-Butter-Mischung untermischen, mit einer Prise Salz und Pfeffer nach Belieben würzen. Kurz zusammenkneten. Den Teig mithilfe eines Eisportionierers in Halbkugeln auf die Hähnchen-Pfanne setzen.

4. Die Pfanne in den vorgeheizten Ofen schieben und goldgelb backen.
Backzeit: 20–25 Minuten bei 180 °C Ober-/Unterhitze (160 °C Umluft)

5. Die Hähnchen-Pfanne mit Knödeltopping aus dem Ofen nehmen und 5–10 Minuten ruhen lassen, dann servieren.

Kartoffelknödel-Kabanossi-Auflauf

Zutaten für 4 Personen

Für die Knödel
1 kg mehlig kochende Kartoffeln
1 TL + 1 ½ TL Salz
1+1 Ei
180 g Kartoffelstärke
Muskat nach Belieben
Öl zum Braten

Außerdem
3 Paprika in verschiedenen Farben
1 rote Zwiebel
Öl zum Braten
1 EL Tomatenmark
1 Dose à 400 g Tomaten in Stücken
1 TL Oregano
Zucker
Chiliflocken
Salz und Pfeffer nach Belieben
300 g Kabanossi
150 g geriebener Emmentaler

Zubereitung

1. Den den Knödelteig nach dem Grundrezept für Kartoffelknödel auf Seite 16 zubereiten. Aus der Knödelmasse 24 kleine Knödel formen.

2. In einem großen weiten Topf reichlich Salzwasser zum kochen bringen, die Hitze reduzieren und die Knödel ins siedende Wasser geben, nicht mehr kochen. Zugedeckt 15 Minuten ziehen lassen.

3. Eine Auflaufform fetten und den Backofen vorheizen.

4. Die Paprikas waschen, die Kerne entfernen und in Stücke schneiden. Die Zwiebel schälen, halbieren und in Halbringe schneiden. Das Gemüse in einer Pfanne in etwas Öl andünsten, das Tomatenmark dazu geben und kurz mit dünsten, mit den Tomaten ablöschen, aufkochen, mit Oregano, Chiliflocken, Zucker, Salz und Pfeffer würzen und 5–10 Minuten köcheln. Dann in der Auflaufform verteilen.

5. Die Kabanossi in Scheiben schneiden, mit den Knödeln auf die Paprika-Tomatensoße verteilen und mit Käse bestreuen. Den Auflauf in den vorgeheizten Ofen schieben und überbacken.
Backzeit: 20 Minuten bei 200 °C (180 °C Umluft).

6. Den Auflauf aus dem Ofen nehmen und servieren.

Knödel-Gröstl mit Speck und Ei

Zutaten für 2 Personen

4 große Semmelknödel vom Vortag
Butter zum Braten
100 g Speck
1 rote Zwiebel
4 Eier
Salz und Pfeffer nach Belieben
1/4 Bund Schnittlauch
etwas Bergkäse

Tipp:

Perfekt für übrig gebliebene Knödel vom Vortag. Tauschen sie den Speck gegen Bratenreste aus. Alles darf in die Pfanne, was der Kühlschrank her gibt.

Zubereitung

1. Die Knödel in 1 cm dicke Scheiben schneiden. Nacheinander in einer Pfanne von beiden Seiten knusprig braten und warm stellen.

2. Den Speck in Streifen schneiden, die Zwiebel schälen, halbieren und in Halbringe schneiden. Den Speck in der Pfanne anbraten, die Zwiebel dazu geben und mit anbraten. Die Eier verquirlen und dazu geben und kurz mit anbraten. Alles mit Salz und Pfeffer würzen.

3. Die Knödelscheiben untermischen. Den Schnittlauch in Röllchen schneiden und den Käse reiben, über das Gröstl streuen und servieren.

Knödelauflauf mit Schinken

Zutaten für 4 Personen

Für die Knödel
400 g Brötchen vom Vortag oder Knödelbrot
1 Zwiebel
1 EL Butter
300–500 ml Milch
2 Eier
½ Bund Petersilie
Muskat
Salz und Pfeffer nach Belieben
etwas Semmelbrösel

Außerdem
300 g Kasslerschinken
1 Zwiebel
Öl zum Braten
300 ml Sahne
Salz und Pfeffer nach Belieben
200 g geriebener Allgäuer Emmentaler oder Bergkäse
frische Petersilie

Zubereitung

1. Den Semmelknödelteig nach dem Grundrezept auf Seite 24 zubereiten und 30 Minuten ziehen lassen.

2. Zwölf Knödel aus der Masse formen, diese in einem großen weiten Topf reichlich siedendem Salzwasser 20 Minuten ziehen lassen. Mit der Schaumkelle aus dem Wasser nehmen und in eine gefettete Auflaufform legen.

3. Den Backofen vorheizen. Den Kasslerschinken in Würfel schneiden, die Zwiebel schälen und fein würfeln.
Den Schinken in etwas Öl in einer Pfanne kurz anbraten, dann zu den Knödeln geben. Die Zwiebeln anschwitzen und mit der Sahne ablöschen, mit Salz und Pfeffer würzen und über die Knödel und den Schinken gießen. Alles mit geriebenem Käse bestreuen und im vorgeheizten Ofen überbacken.
Backzeit: 20 Minuten bei 200 °C (180 °C Umluft)

4. Den Knödelauflauf aus dem Ofen nehmen. Die Petersilie fein hacken, über den Auflauf streuen und servieren.

Königsberger Klopse

Zutaten für 4 Personen

Für die Klopse
1 Brötchen
600 g gemischtes Hackfleisch
1 EL + 40 g Butter
2 Zwiebeln
1 Ei, Salz und Pfeffer nach Belieben
2 Lorbeerblätter
40 g Mehl
200 g Sahne
60 g Kapern
etwas Zitronensaft
Zucker nach Belieben

Außerdem
750 g festkochende Kartoffeln
1 TL Salz
½ Bund Petersilie
1 Glas Rote Bete in Scheiben

Zubereitung

1. Für die Klopse das Brötchen in kaltes Wasser einlegen und 10 Minuten einweichen lassen. Das Brötchen ausdrücken und mit dem Hack in eine Schüssel geben.
2. Eine Zwiebel schälen und fein würfeln und in einem Esslöffel Butter glasig dünsten. Zum Hack geben, das Ei hinzufügen, alles kräftig mit Salz und Pfeffer würzen, alles gut zusammen kneten und mit feuchten Händen zu 12 Klopsen formen.
3. Eine Zwiebel schälen und halbieren, mit 1 ½ l Wasser, einem Teelöffel Salz und den Lorbeerblättern in einen großen Topf geben und aufkochen. Die Hitze reduzieren und die Klopse ins siedende Wasser geben und 17–20 Minuten garen. Wasser sollte nicht mehr kochen.
4. Die Kartoffeln schälen in einen Topf geben, mit kaltem Wasser aufgießen, sodass sie gerade bedeckt sind, aufkochen, Salz dazu geben und etwa 20 Minuten garen.
5. Die Klopse aus dem Kochwasser nehmen. Das Kochwasser durch ein Sieb abgießen und 750 ml auffangen.
6. Die 40 g Butter in einem Topf erhitzen, das Mehl darin anschwitzen, unter kräftigem Rühren das Kochwasser einrühren. Die Sahne hinzufügen, aufkochen und 5 Minuten köcheln lassen.
7. Die Petersilie fein hacken. Die Rote Bete abgießen. Die Kapern abgießen und 1–2 Esslöffel Sud auffangen.
8. Die Soße mit dem Sud, etwas Zitronensaft, Zucker, Salz und Pfeffer abschmecken. Die Kapern und die Klopse in die Soße geben und warm werden lassen.
9. Die Kartoffeln abgießen, mit der Petersilie vermengen und mit den Königsberger Klopsen und den Rote Beten servieren.

Krustenbraten mit Brezenknödel

Zutaten für 4 Personen

Für den Krustenbraten
1 kg Schweinekrustenbraten
200 ml Bratenfond
1 Karotte
1 Stange Lauch
¼ Knolle Sellerie
1 Zwiebel
2 Zweige Rosmarin
330 ml dunkles Bier
1 EL Speisestärke
Salz und Pfeffer nach Belieben
1 Prise Zucker

Für die Brezenknödel
400 g Brezen vom Vortag
2 Zwiebeln
2 EL Butter
300 ml Milch
2 Eier
½ Bund Petersilie
Salz und Pfeffer nach Belieben
etwas Semmelbrösel

Außerdem
Servierfertiges Sauerkraut vom Metzger (oder selbst kochen, siehe Rezept Seite 82)

Zubereitung

1. Die Brezenknödel nach dem Grundrezept auf Seite 20 zubereiten.

2. Für den Krustenbraten den Ofen vorheizen und einen Bräter bereit stellen. Den Braten trocken tupfen, die Schwarte rautenartig einschneiden und von allen Seiten kräftig mit Salz und Pfeffer würzen – gut in die Schnitte der Schwarte reiben. Den Braten in den Bräter legen und mit dem heißen Fond übergießen.

3. Den Braten in den vorgeheizten Ofen schieben und backen. **Backzeit: 90 Minuten bei 200 °C (180 °C Umluft).**

4. Die Karotte schälen und in Scheiben schneiden, den Lauch waschen, putzen und in Ringe schneiden, den Knollensellerie schälen und in Stücke schneiden, die Zwiebel schälen und in Spalten schneiden. Nach 20 Minuten Garzeit mit dem Rosmarin um den Braten verteilen. Nach weiteren 20 Minuten den Braten mit dem Bier übergießen. Für die letzten 10 Minuten die Temperatur auf 240 °C erhöhen/die Grillfunktion zuschalten, damit die Schwarte schön aufpufft und knusprig wird.

5. Den Braten auf eine Platte legen und im ausgeschalteten Ofen warm halten. Den Bratenjus durch ein Sieb abgießen und aufkochen. Die Stärke mit etwas kaltem Wasser glatt rühren und den Jus damit andicken. Die Soße mit Salz, Pfeffer und einer Prise Zucker abschmecken.

6. Die fertigen Brezenknödel aus dem Wasser nehmen, in Scheiben schneiden und mit dem Braten, dem Kraut und dem Jus servieren.

Mandel-Kartoffelknödel mit Curry-Garnelen

Zutaten für 4 Personen

Für die Knödel
1 kg mehlig kochende Kartoffeln
1 TL + 1 ½ TL Salz
1+1 Ei
180 g Kartoffelstärke
Muskat nach Belieben
2 EL Schmand
100 g Mandelblättchen

Für die Curry-Garnelen
1 Zwiebel
2 Knoblauchzehen
1 rote Chilischote
4 Frühlingszwiebeln
200 g Garnelen
2 EL Öl zum Braten
1 EL Currypulver
1 EL Mehl
125 ml Weißwein
400 ml Gemüsebrühe
100 ml Sahne
Salz und Pfeffer nach Belieben

Zubereitung

1. Den Backofen vorheizen. Ein Backblech mit Backpapier auslegen.

2. Den den Knödelteig nach dem Grundrezept für Kartoffelknödel auf Seite 16 zubereiten. Den Schmand untermischen. Aus der Knödelmasse 12 Knödel formen, in den Mandelblättchen wälzen und aufs Blech legen. Im vorgeheizten Ofen backen.
Backzeit: ca. 20 Minuten bei 180 °C (Umluft 160 °C)

3. Die Zwiebel, den Knoblauch und die Chilischote fein würfeln. Die Frühlingszwiebeln etwas schräg in Ringe schneiden, etwas Grün beiseite legen. Die Garnelen in 1 EL Öl kurz anbraten und aus der Pfanne nehmen. Zwiebel, Knoblauch, Chili und Frühlingszwiebeln in 1 EL Öl andünsten, das Currypulver und das Mehl dazu geben und mit anrösten. Alles mit Wein und Gemüsebrühe ablöschen, die Sahne dazu geben und aufkochen. Die Soße etwas einkochen lassen und mit Salz und Pfeffer abschmecken. Die Garnelen in die Soße geben und erwärmen.

4. Die Knödel mit den Curry-Garnelen anrichten und mit dem Grün der Frühlingszwiebeln bestreut servieren.

Semmelknödel mit Pilzragout

Zutaten für 4 Personen

Für die Knödel
400 g Brötchen vom Vortag oder Knödelbrot
1 Zwiebel
1 EL Butter
300–500 ml Milch
2 Eier
½ Bund Petersilie
Muskat
Salz und Pfeffer nach Belieben
etwas Semmelbrösel

Für das Pilzragout
600 g Pilze nach Saison (Champignons, Pfifferlinge, Austernpilze, Steinpilze)
2 Schalotten
2–3 EL Butter
400 ml Gemüsefond
200 ml Sahne
1/4 Bund Petersilie
etwas Zitronensaft
Salz und Pfeffer nach Belieben

Tipp:

Ragout mit Schuss – die Pilze mit 150 ml Weißwein ablöschen und etwas einkochen lassen. Dann nur 300 ml Fond hinzufügen.

Zubereitung

1. Den Semmelknödelteig nach dem Grundrezept auf Seite 24 zubereiten und 30 Minuten ziehen lassen.

2. Acht große oder 16 kleine Knödel aus der Masse formen, diese in einem großen weiten Topf reichlich siedendem Salzwasser je nach Größe 15–20 Minuten ziehen lassen.

3. Die Pilze putzen und eventuell klein schneiden. Die Schalotten schälen und fein würfeln. Die Butter in einer großen Pfanne erhitzen, die Pilze darin anbraten, die Schalotten dazu geben und mit braten. Mit dem Fond und der Sahne ablöschen, aufkochen, 4 Minuten köcheln lassen. Die Petersilie untermischen. Das Ragout mit Zitronensaft, Salz und Pfeffer abschmecken.

4. Die Knödel aus dem Wasser nehmen und mit dem Pilzragout servieren.

Tiroler Kaspressknödel mit Vogerlsalat

Zutaten für 4 Personen

Für die Kaspressknödel
5 Brötchen vom Vortag
100 g Tiroler Graukäse
100 g Bergkäse
1 Zwiebel
3 EL Butter
200 ml Milch
3 Eier
2 EL frisch gehackte Petersilie
Butterschmalz zum Braten

Für den Salat und das Tiroler Dressing
200 g Feldsalat
½ Zwiebel
4 EL Rapsöl
3 EL Apfelessig
1 TL Dijon-Senf
1EL Mayo
3 EL Tiroler Speck in Würfeln
1 EL frisch geschnittener Schnittlauch
Salz und Pfeffer nach Belieben

Zubereitung

1. Die Brötchen in Würfel schneiden und in eine Schüssel geben. Den Käse reiben oder in feine Würfel schneiden.

2. Die Zwiebel schälen und in einer Pfanne in der Butter glasig dünsten, den Herd ausschalten, die Milch dazu gießen und mit der Restwärme etwas warm werden lassen. Die Zwiebel-Milch über die Brotwürfel gießen und gut vermengen. Den Käse, die Eier und die Petersilie dazu geben, kräftig mit Salz und Pfeffer würzen und alles gut untermengen. Die Masse 20 Minuten ziehen lassen.

3. In der Zwischenzeit den Feldsalat waschen und putzen. Die Zwiebel fein würfeln. Ein Esslöffel Rapsöl in der Pfanne erhitzen, die Speckwürfel und die Zwiebelwürfel darin andünsten. Die restlichen Dressing-Zutaten verquirlen, die Zwiebel und Speckwürfel dazu geben und alles mit Salz und Pfeffer abschmecken.

4. Die Knödelmasse nochmals durchmengen und 12 gleich große Knödel daraus formen und flach pressen. Anschließend in einer großen Pfanne in etwas Butterschmalz von beiden Seiten goldbraun anbraten.

5. Den Feldsalat mit dem Dressing vermengen und mit den Kaspressknödeln servieren.

Lecker gefüllt

Grammelknödel mit Sauerkraut

Zutaten für 4 Personen

Für die Knödel
1 kg mehlig kochende Kartoffeln
1 TL + 1 ½ TL Salz
1+1 Ei
180 g Kartoffelstärke
Muskat nach Belieben
200 g Grammel/Grieben
optional: 1 kleine Zwiebel
1 EL gehackte Petersilie
etwas Paprikapulver

Für das Sauerkraut
1 Zwiebel
1 Apfel
1 EL Butterschmalz
400 g Sauerkraut
50 ml Apfelsaft
1 Lorbeerblatt
6 Wacholderbeeren
Salz und Pfeffer nach Belieben

Außerdem
frischer Schnittlauch zum Servieren

Zubereitung

1. Den den Knödelteig nach dem Grundrezept für Kartoffelknödel auf Seite 16 zubereiten.

2. Die Zwiebel und den Apfel schälen und fein würfeln. Das Butterschmalz in einem Topf erwärmen, die Zwiebel darin glasig dünsten, den Apfel dazu geben und kurz mit dünsten, das Sauerkraut abtropfen lassen und gut ausdrücken, zu den Zwiebeln geben und kurz mit dünsten. Den Apfelsaft, das Lorbeerblatt und die Wacholderbeeren dazu geben und bei geschlossenem Deckel und schwacher Hitze mindestens 10 Minuten leicht köcheln lassen, ab und an umrühren

3. Die Grammeln in einer Pfanne ohne Fett rösten bis sie knusprig sind. Optional: Die kleine Zwiebel würfeln und kurz mit anbraten, die Petersilie dazu geben und mit Paprika würzen.

4. Knödelmasse zu einer Rolle formen und 12 oder 16 gleichgroße Stücke abteilen, jedes Stück zu einer Kugel formen, platt drücken, mit den Grammeln füllen, vorsichtig verschließen und zu einem Knödel formen.

5. In einem großen weiten Topf reichlich Salzwasser zum kochen bringen, die Hitze reduzieren und die Knödel ins nur siedende Wasser geben. Zugedeckt je nach Größe 15–20 Minuten ziehen lassen – die Knödel sinken zuerst nach unten, wenn sie wieder aufsteigen, sind sie gar.

6. Die fertigen Grammelknödel mit dem Sauerkraut und frischem Schnittlauch servieren.

Kartoffelknödel mit Spinat-Käse-Soße

Zutaten für 4 Personen

Für die Knödel
1 kg mehlig kochende Kartoffeln
1 TL + 1 ½ TL Salz
1+1 Ei
180 g Kartoffelstärke
Muskat nach Belieben
200 g Speck

Für die Spinat-Käse-Soße
30 g Pinienkerne
1 Zwiebel
400 g Spinat
150 g + extra Parmesan
50 g Butter
40 g Mehl
700 ml Milch
Muskat
Salz und Pfeffer nach Belieben

Zubereitung

1. Den den Knödelteig nach dem Grundrezept für Kartoffelknödel auf Seite 16 zubereiten.

2. Den Speck in kleine Würfel schneiden und in einer Pfanne ohne Fett knusprig braten.

3. Knödelmasse zu einer Rolle formen und 12 oder 16 gleichgroße Stücke abteilen, jedes Stück zu einer Kugel formen, platt drücken, mit den Speckwürfeln füllen, vorsichtig verschließen und zu einem Knödel formen.

4. In einem großen weiten Topf reichlich Salzwasser zum kochen bringen, die Hitze reduzieren und die Knödel ins nur siedende Wasser geben. Zugedeckt je nach Größe 15–20 Minuten ziehen lassen – die Knödel sinken zuerst nach unten, wenn sie wieder aufsteigen, sind sie gar.

5. In der Zwischenzeit die Pinienkerne in einer Pfanne ohne Fett rösten, aus der Pfanne nehmen und beiseitestellen. Die Zwiebel schälen und fein würfeln. Den Spinat waschen und die groben Stiele entfernen. Den Parmesan fein reiben. Die Butter in der Pfanne erhitzen, die Zwiebel darin glasig dünsten, das Mehl dazu geben und kurz mit anschwitzen, dann nach und nach unter kräftigem Rühren mit der Milch aufgießen, aufkochen und 5 Minuten köcheln lassen. Den Spinat und den geriebenen Parmesan dazu geben. Die Soße mit Muskat, Salz und Pfeffer abschmecken.

6. Die fertigen gefüllten Knödel mit der Spinat-Käse-Soße, den Pinienkernen und frisch geriebenem Parmesan servieren.

Kässpatzenknödel mit Bergkäse und Röstzwiebeln

Zutaten für 4 Personen

Für die Spatzen
400 g Spätzlemehl
2 EL Hartweizengrieß
1 TL Salz
4 Eier
150–200 ml Mineralwasser

Für die Knödel
1 Zwiebel
1 EL Butter
100 g geriebener Allgäuer Emmentaler
12 Würfel Bergkäse
2 Eier
6–8 EL Mehl
Salz und Pfeffer nach Belieben

Für die Röstzwiebeln
2 Zwiebeln
2 EL Mehl
Öl zum Frittieren
etwas frischer Schnittlauch

Tipp:

Wenn es mal schell gehen soll, 500 g fertige Spätzle aus dem Kühlregal verwenden.

Zubereitung

1. Im Idealfall am Vortag: Für die Spatzen das Mehl den Grieß, das Salz, die Eier und das Mineralwasser zu einem Teig schlagen, 20 Minuten quellen lassen. Den Teig portionsweise mit dem Spatzenhobel in siedendes Wasser hobeln, garen, abschöpfen und in Eiswasser abschrecken, aus dem Wasser nehmen und kalt werden lassen.

2. Für die Knödel die Zwiebel schälen und fein würfeln, in einer Pfanne in der Butter andünsten. Mit dem geriebenen Käse zu den Spatzen geben und vermengen. Die Eier verquirlen und gut untermischen, nach und nach das Mehl untermengen, so dass eine etwas klebrige Masse entsteht, mit Salz und Pfeffer würzen, nochmals gut durchmischen und 10–15 Minuten kalt stellen.

3. Den Backöfen vorheizen und ein Backblech mit Backpapier auslegen.

4. Die Spatzenmasse in 12 Portionen teilen und mit feuchten Händen, flach drücken, mit den Käsewürfeln füllen, verschließen, zu Knödeln rollen und auf den vorbereiteten Blechen verteilen. Dann die Knödel im heißen Ofen goldgelb backen.
Backzeit: 15–20 Minuten bei 220 °C (200 °C Umluft)

5. Die Zwiebeln schälen und in feine Ringe schneiden, mit dem Mehl bestreuen und vermengen, in einer Pfanne mir reichlich Öl knusprig goldenbraun frittieren. Den Schnittlauch in Röllchen schneiden.

6. Die Kässpatzenknödel mit dem Schnittlauch bestreuen und den Röstzwiebeln toppen, mit einem knackigen Salat servieren.

Nussige Kartoffelknödel mit Frischkäse

Zutaten für 4 Personen

1 kg mehlig kochende Kartoffeln
1 TL + 1 ½ TL Salz
1+1 Ei, 180 g Kartoffelstärke
Muskat nach Belieben
12 TL Kräuterfrischkäse
6 EL Mehl
8 EL Sesam
Öl zum Braten

Zubereitung

1. Die Kartoffeln in einen Topf geben, mit kaltem Wasser bedeckt aufkochen. Ein Teelöffel Salz dazu geben und 25–30 Minuten bei mittlerer Hitze weich garen.

2. Die Kartoffeln abgießen, ausdampfen lassen und noch heiß schälen und durch die Kartoffelpresse drücken oder fein stampfen. Anschließend handwarm abkühlen lassen.

3. Die Kartoffelmasse in der Schüssel glatt streichen und vierteln, ein Viertel herausheben und mit Kartoffelstärke auffüllen (ca. 180 g). Ein Ei, 1 ½ Teelöffel Salz und Muskat nach Belieben hinzufügen und alles zu einem glatten Teig zusammen kneten.

4. Knödelmasse zu einer Rolle formen und 12 gleichgroße Stücke abteilen, jedes Stück zu einer Kugel formen, platt drücken, einen Teelöffel Frischkäse darauf geben, vorsichtig verschließen und zu einem Knödel formen.

5. Ein Ei verquirlen. Die Knödel zuerst in Mehl, dann im Ei und zum Schluss im Sesam rollen.

6. Die Knödel in einer beschichteten Pfanne in etwas Öl von allen Seiten goldbraun anbraten.

7. Die fertigen Knödel mit einem grünen Salat servieren.

Pizzaknödel mit Marinara-Soße

Zutaten für 4 Personen

1 kg mehlig kochende Kartoffeln
1 TL + 1 ½ TL Salz
1 Ei
180 g Kartoffelstärke
Pfeffer nach Belieben

Für die Füllung

1 rote Paprika
100 g Champignons
100 g Salami
100 g Schinken
1 EL Öl
100 g geriebener Mozzarella
Oregano
Salz und Pfeffer nach Belieben

Für die Marinara-Soße

1 kleine Zwiebel
2 Knoblauchzehen
1 EL Öl
1 EL Tomatenmark
1 Dose Tomaten in Stücken
1 TL Oregano
Zucker
Salz und Pfeffer nach Belieben

Außerdem

1 l Öl zum Frittieren

Zubereitung

1. Den den Knödelteig nach dem Grundrezept für Kartoffelknödel auf Seite 16 zubereiten.

2. Während die Kartoffeln garen, für die Soße die Zwiebel und den Knoblauch schälen und fein würfeln, im Öl andünsten, das Tomatenmark dazu geben und kurz mit anschwitzen, mit den Tomaten ablöschen. Mit Oregano, einer Prise Zucker, Salz und Pfeffer würzen und bei schwacher Hitze 20 Minuten köcheln lassen.

3. Für die Füllung die Paprika, die Champignons, die Salami und den Schinken in feine Würfel schneiden und in Öl kurz anbraten. Aus der Pfanne nehmen und abkühlen lassen. Den Mozzarella untermischen und mit Oregano, Salz und Pfeffer würzen.

4. Die Knödelmasse zu einer Rolle formen und 16 gleichgroße Stücke abteilen, jedes Stück zu einer Kugel formen, platt drücken, einen Esslöffel der Füllung darauf geben, vorsichtig verschließen und zu einem Knödel formen.

5. Das Öl in einen Topf geben und auf 175 °C erhitzen, die Knödel darin rund 6 Minuten frittieren, bis sie goldgelb sind. Die Knödel mit dem Schaumlöffel herausnehmen und auf Küchenkrepp abtropfen lassen.

6. Die knusprigen Pizzaknödel mit der Marinara-Soße servieren.

Spinatknödel mit Feta

Zutaten für 4 Personen

400 g Knödelbrot
500 ml Milch
1 Zwiebel
300 g frischer Spinat
2 EL + 60 g Butter
2 Eier
Muskat
Salz und Pfeffer nach Belieben
etwas Semmelbrösel
180 g Feta

Zubereitung

1. Das Knödelbrot in eine große Schüssel geben. Die Milch erwärmen, die Hälfte der Milch über die Brotwürfel gießen und gut vermengen, so viel der restlichen Milch dazu geben, bis alle Würfel mit Milch vollgesaugt sind, dann 30 Minuten ziehen lassen.
2. In der Zwischenzeit die Zwiebel schälen, fein würfeln, den Spinat waschen, die groben Stiele entfernen. Die Zwiebel in 2 EL Butter glasig dünsten, den Spinat nach und nach in die Pfanne dazu geben und zusammenfallen lassen. Anschließend etwas abkühlen lassen, dann fein hacken.
3. Die Eier und den Spinat zur Brötchenmasse geben, kräftig mit Muskat, Salz und Pfeffer würzen und gut vermengen. Falls die Masse zu weich ist und nicht die Form hält, esslöffelweise Semmelbrösel dazu geben.
4. Den Feta in 12 Würfel schneiden. Die Knödelmasse in 12 gleich große Portionen teilen, Kugeln formen, ein Loch in die Mitte drücken, ein Fetawürfel hinein geben, verschließen und zu einem Knödel formen. Die Knödel auf ein Blech legen und zugedeckt eine Stunde kalt stellen.
5. In einem großen weiten Topf reichlich Salzwasser zum kochen bringen, die Hitze reduzieren, die Knödel ins siedende Wasser geben. Zugedeckt je nach Größe 20 Minuten ziehen lassen – nicht mehr kochen! Nach der Hälfte der Kochzeit einmal wenden.
6. Die Butter in einen kleinen Topf geben und bei mittlerer Hitze erwärmen, wenn sie anfängt zu schäumen und dampfen, unter Rühren bräunen, bis sie goldbraun ist und nussig riecht. Sofort vom Herd nehmen.
7. Die fertigen Spinatknödel mit dem Schaumlöffel aus dem Wasser nehmen und mit der Nussbutter servieren. Dazu passt ein grüner Salat.

Tomatenknödel auf Ofengemüse

Zutaten für 4 Personen

400 g Knödelbrot
500 ml Milch
1 Zwiebel
2 EL Butter
12 getrocknete Tomaten in Öl
80 g Parmesan
2 Eier
4+2 TL Pesto
Salz und Pfeffer nach Belieben
etwas Semmelbrösel
12 Mini-Mozzarellakugeln
1 Aubergine
1 Zucchini
6 Tomaten
etwas Olivenöl
Oregano und Zucker nach Belieben

Zubereitung

1. Das Knödelbrot in eine große Schüssel geben. Die Milch erwärmen, die Hälfte der Milch über die Brotwürfel gießen und gut vermengen, so viel der restlichen Milch dazu geben, bis alle Würfel mit Milch vollgesaugt sind, dann 30 Minuten ziehen lassen.

2. In der Zwischenzeit die Zwiebel schälen, fein würfeln und in der Butter glasig dünsten. Die Pfanne vom Herd nehmen. Die getrockneten Tomaten fein hacken. Den Parmesan reiben.

3. Die Eier, die getrockneten Tomaten, vier Teelöffel Pesto, den geriebenen Parmesan und die Hälfte der Zwiebel zur Brötchenmasse geben, kräftig mit Salz und Pfeffer würzen und gut vermengen. Falls die Masse zu weich ist und nicht die Form hält, esslöffelweise Semmelbrösel dazu geben.

4. Die Mozzarellakugeln mit zwei Teelöffeln Pesto vermengen. Die Knödelmasse in 12 gleich große Portionen teilen, Kugeln formen, ein Loch in die Mitte drücken, eine Mozzarellakugel hinein geben, verschließen und zu einem Knödel formen. Die Knödel zugedeckt eine Stunde kalt stellen.

5. Den Backofen vorheizen. Das Gemüse in Scheiben schneiden und in eine Auflaufform schichten, mit Salz, Pfeffer und Oregano würzen und mit Olivenöl beträufeln.
Die Auflaufform auf ein Backblech stellen, dann in den Ofen schieben.
Backzeit: 45 Minuten bei 200 °C (180 °C Umluft).
Nach 20 Minuten Backzeit, die Knödel auf Backpapier neben die Auflaufform auf das Backblech legen und fertig backen.

6. Die fertigen Tomatenknödel auf dem Ofengemüse servieren.

Ein Bällchen geht um die Welt

Arancini

– italienische Reisbällchen

Zutaten für 4 Personen

Für den Reis
1 kleine Zwiebel
30 g Butter
350 g Risottoreis
750 ml Gemüsebrühe
0,1 g Safran
2 EL geriebener Parmesan
Salz und Pfeffer nach Belieben

Für die Bolognesefüllung
1 Zwiebel
1 kleine Karotte
½ Stange Sellerie
200 g Rinderhackfleisch
Öl zum Braten
1 EL Tomatenmark
1 TL Oregano
Salz und Pfeffer nach Belieben
100 g grob passierte Tomaten
50 ml Gemüsebrühe
2 EL Erbsen

Zum Panieren
50 g Mehl
1 Ei
100 g Semmelbrösel
1 L Öl zum Frittieren

Zubereitung

1. Am besten am Vortag: Für den Reis die Zwiebel fein würfeln und in der Butter anschwitzen. Den Reis dazu geben und kurz mit dünsten. Die Brühe dazu gießen, den Safran dazu geben, aufkochen und bei schwacher Hitze zugedeckt 18–20 Minuten quellen lassen, bis die Flüssigkeit aufgesogen und der Reis gar ist, dabei ab und an durchrühren. Den Parmesan untermischen und mit Salz und Pfeffer abschmecken. Den Reis komplett abkühlen lassen, am besten über Nacht im Kühlschrank.

2. Für die Bolognesefüllung die Zwiebel und die Karotte schälen, den Sellerie waschen und alles fein würfeln. Das Rinderhack in etwas Öl krümelig braten, die Zwiebel, die Karotte, den Sellerie dazu geben und mit anbraten. Das Tomatenmark untermischen und mit Oregano, Salz und Pfeffer würzen. Alles mit den passierten Tomaten und 50 ml Gemüsebrühe ablöschen, aufkochen, dann bei schwacher Hitze so lange einkochen, bis die meiste Flüssigkeit verdampft ist. Die Erbsen hinzufügen und kurz mit köcheln lassen, vom Herd nehmen und abkühlen lassen.

3. Den Reis in 8 Portionen teilen, jeweils zu einer Kugel formen, ein Loch in die Mitte drücken und mit Bolognese füllen, gut verschließen und rund formen.

4. Das Mehl mit 50 ml kaltem Wasser und dem Ei glatt rühren, die Bällchen zuerst darin und dann in den Semmelbröseln wälzen.

5. Das Öl in einem Topf auf 175–180 °C erhitzen und die Arancini darin 3–5 Minuten goldbraun frittieren. Auf Küchenpapier abtropfen lassen.

6. Die Arancini mit einer Tomatensoße oder knackigem Salat servieren.

Asia-Hähnchenbällchen süß-sauer

Zutaten für 4 Personen

Für die Bällchen
3 Hähnchenbrustfilets
2 Scheiben Weißbrot
1 kleine Zwiebel
1 Stück Ingwer (2 cm)
1 Ei
1 + 2 EL Sojasoße
Öl zum Braten

Für die süß-saure Soße
1 Rote Paprika
1 große Karotte
1/3 Ananas
1 Dose Bambussprossen
6 Frühlingszwiebeln
100 g Ketchup
1 EL brauner Zucker
3–4 EL Reisessig oder Apfelessig
3–4 EL Sojasoße
1–2 TL Asia-Gewürzmischung
1 EL Speisestärke

Außerdem
Basmatireis
Salz nach Belieben
Schwarzer Sesam zum Bestreuen

Tipp:

Für etwas Schärfe eine frische Chilischote oder 1 TL Chiliflocken hinzufügen.

Zubereitung

1. Für die Bällchen die Hähnchenbrustfilets trocken tupfen und in Stücke schneiden, durch den Fleischwolf drehen. Die Zwiebel schälen und in Stücke schneiden, das Weißbrot in Würfel schneiden und beides nacheinander durch den Wolf drehen.

2. Den Ingwer reiben und mit dem Ei und der Sojasoße zur gewolften Masse geben und gut vermengen. Die Masse mit dem Eisportionierer abstechen und mit feuchten Händen zu Bällchen formen. In einer Pfanne etwas Öl erhitzen und die Bällchen rundherum 5 Minuten abraten, aus der Pfanne nehmen.

3. Den Basmatireis nach Packungsangaben zubereiten.

4. Die Paprika waschen und in Stücke schneiden, die Karotte schälen und in dünne Streifen schneiden, die Ananas schälen und in Stücke schneiden, die Bambussprossen abtropfen lassen, die Frühlingszwiebeln waschen und in Ringe schneiden, das Grün beiseite stellen. In der Pfanne etwas Öl erhitzen, das Weiße der Frühlingszwiebeln, Karotte und Paprika anbraten, den Ketchup, den Zucker den Reisessig und die Sojasoße dazu geben, mit 500 ml Wasser aufgießen und aufkochen. Die Stärke mit etwas Wasser glatt rühren und die Soße damit andicken, 2 Minuten köcheln lassen. Die Bällchen, die Ananas und die Sprossen dazu geben und heiß werden lassen. Nochmals mit Asia-Gewürz und Salz abschmecken.

5. Die Asia-Hähnchenbällchen mit dem Sesam und dem Grün der Frühlingszwiebeln bestreuen und mit dem Reis servieren.

Bitterballen

– niederländische Fleischbällchen

Zutaten für 4 Personen

Für die Bällchen
1 Zwiebel
1 Bund Suppengemüse
1 Rinderbeinscheibe à 700 g
1 TL Pfefferkörner
1 Lorbeerblatt
2 EL Butter
2+3 EL Mehl
1 TL Senf
½ Bund Petersilie
2 Eier
200 g Semmelbrösel
1 l Öl zum Frittieren

Für den Dipp
8 EL Mayonnaise
2–3 TL grober scharfer Senf
Salz und Pfeffer
nach Belieben

Tipp:

Die restliche Brühe kühl stellen oder einfrieren und als Basis für eine Suppe oder Soße verwenden.

Zubereitung

1. Für die Bällchen die Zwiebel halbieren, das Suppengemüse waschen und in Stücke schneiden, alles mit der Beinscheibe in einen großen Topf geben und mit kaltem Wasser bedecken, Pfefferkörner, ein Teelöffel Salz und das Lorbeerblatt dazu geben und aufkochen. Zugedeckt bei schwacher Hitze 3 Stunden köcheln lassen.

2. Das Fleisch aus der Brühe nehmen, die Brühe abseihen. Das Fleisch mit einer Gabel zerdrücken und abkühlen lassen.

3. Die Butter in einem kleinen Topf erhitzen, zwei Esslöffel Mehl darin anschwitzen und mit 100 ml Brühe ablöschen, 2 Minuten dick einkochen lassen. Etwas abkühlen lassen, dann mit dem Senf zum Fleisch geben. Die Petersilie hacken und hinzufügen, alles mit Salz und Pfeffer würzen und gut vermengen. Mithilfe eines Mini-Eisportionierers 24 Portionen abstechen und zu Bällchen formen. Die Eier verquirlen. Die Bällchen zuerst in drei Esslöffel Mehl, dann im Ei und zum Schluss in den Semmelbröseln wälzen. Eventuell ein zweites Mal panieren. Dann 10 Minuten kalt stellen.

4. Das Öl in einem tiefen Topf auf 160–170 °C erhitzen, die Bitterballen darin portionsweise goldbraun ausbacken. Auf Küchenpapier abtropfen lassen.

5. Für den Dipp die Mayonnaise mir dem Senf verrühren und mit Salz und Pfeffer abschmecken.

6. Die Bitterballen mit dem Dipp servieren. Dazu passen Pommes und Salat.

Falafel

– orientalische Kichererbsenbällchen

Zutaten für 6 Personen

Für die Pita-Brote
500 g + etwas Weizenmehl Type 550
15 g frische Hefe
1 Prise Zucker
1 TL Salz
2 EL Olivenöl

Für die Bällchen
2 Dosen Kichererbsen
1 rote Zwiebel
2 Knoblauchzehen
½ Bund Koriander
1 Bio-Zitrone
1 Eigelb
1–3 EL Semmelbrösel
1 EL Mehl
½ TL Salz
Kreuzkümmel nach Belieben
Öl zum Frittieren

Außerdem
¼ Kopf Rotkohl
3 Tomaten
1 Gurke
300 g griechischer Joghurt
3 Knoblauchzehen
½ Zitrone
Salz und Pfeffer nach Belieben
½ Bund Koriander

Zubereitung

1. Für die Pita-Brote das Mehl in eine Schüssel geben, eine Mulde formen, die Hefe und eine Prise Zucker in die Mulde geben und mit 100 ml lauwarmem Wasser verrühren, 5 Minuten ruhen lassen, bis sich Bläschen bilden. Dann 200 ml lauwarmes Wasser, das Salz und das Olivenöl dazu geben und zu einem glatten elastischen Teig kneten, 2 Stunden zugedeckt gehen lassen.
2. Für die Falafel die Kichererbsen abgießen und abtropfen lassen. Die Zwiebel und den Knoblauch schälen und grob schneiden. Die Zitrone abreiben, Korianderblätter abzupfen. Alles zusammen in die Küchenmaschine geben und fein mixen. Das Eigelb, einen Esslöffel Semmelbrösel, das Mehl, das Salz und den Kreuzkümmel dazu geben und zu einer formbaren Masse vermengen. Ist sie zu weich, nach und nach etwas mehr Semmelbrösel dazu geben. Mit feuchten Händen 18 Bällchen formen und kalt stellen.
3. Den Teig in 6 Stücke teilen, zu einer Kugel formen, dann oval etwa 1 cm dick ausrollen. Auf einem bemehlten Backpapier zugedeckt 30 Minuten gehen lassen.
4. Den Backofen mit einem Pizzastein (alternativ mit einem Backblech) aufheizen. Die Pita-Brote in zwei Durchgängen backen.
   Backzeit: 5–7 Minuten bei 250 °C Ober-/Unterhitze.
   Nach der Hälfte der Backzeit, wenn sie ballonförmig aufgegangen sind, einmal wenden.
5. Die Bällchen in reichlich Öl in einer Pfanne portionsweise goldbraun backen.
6. Den Rotkohl in sehr feinen Streifen vom Strunk hobeln, die Tomaten und die Gurke waschen und in Scheiben schneiden. Den Joghurt in eine Schale geben, die Knoblauchzehen dazu pressen, mit dem Saft der halben Zitrone und mit Salz und Pfeffer abschmecken.
7. Die Pita-Brote aufschneiden, belegen und gleich servieren.

Gnudi

– italienische Ricottabällchen

Zutaten für 4–6 Personen

Für die Gnudi
120 g Parmesan
500 g Ricotta
250 g Mehl
+ etwas Mehl
4 Eier
Salz und Pfeffer
nach Belieben

Außerdem
125 g Butter
50 g Salbeiblätter
Salz nach Belieben

Zubereitung

1. Den Parmesan reiben, mit dem Ricotta, dem Mehl und den Eiern in eine Schüssel geben und mit Salz und Pfeffer würzen und gut vermengen. Den sehr weichen Teig 30–60 Minuten zugedeckt kalt stellen.

2. Den Teig mithilfe eines Eisportionierers in 32 kleine Bällchen portionieren. Mit feuchten Händen vorsichtig zu Knödel rollen, dann in etwas Mehl wenden.

3. In einem großen Topf Salzwasser aufkochen, Hitze reduzieren, wenn es nur noch siedet, die Bällchen vorsichtig ins Wasser geben. Die Gnudi ziehen lassen, wenn sie nach oben an die Wasseroberfläche kommen, noch weitere 4–5 Minuten ziehen lassen.

4. Während die Gnudi ziehen, in einer Pfanne die Butter langsam erhitzen und bräunen. Die Salbeiblätter darin frittieren. Eine Prise Salz hinzufügen.

5. Die Gnudi mithilfe eines Schaumlöffels aus dem Wasser nehmen und in der Salbeibutter schwenken. Die Gnudi gleich mit frisch geriebenem Parmesan servieren. Dazu passt ein knackiger grüner Salat.

Köttbullar

– schwedische Hackbällchen

Zutaten für 4 Personen

Für die Köttbullar
2 Scheiben Toast
1 Zwiebel
500 g gemischtes Hackfleisch
50 ml Sahne
1 Ei
1 TL Apfelessig (optional)
1 Prise Piment
Salz und Pfeffer nach Belieben
Semmelbrösel bei Bedarf
Öl zum Braten

Für die Soße
1 Zwiebel
400 ml Rinderfond
100 ml Sahne
1 EL Sojasoße (optional)
1 EL Speisestärke
Salz und Pfeffer nach Belieben

Für den Kartoffelstampf
1 kg mehlig kochende Kartoffeln
200 ml Milch
50–100 g Butter
Salz und Muskat nach Belieben

Außerdem
Gurkensalat und Preiselbeeren

Zubereitung

1. Für die Köttbullar das Toastbrot in kaltem Wasser einweichen. Die Zwiebel schälen und fein würfeln, in etwas Öl in einer Pfanne andünsten. Den Toast ausdrücken und mit dem Hack, der Sahne, dem Ei, dem Essig und den Zwiebeln in eine Schüssel geben, kräftig mit Piment, Salz und Pfeffer würzen und gut vermengen. Ist die Masse zu weich, etwas Semmelbrösel untermengen. Kurz ruhen lassen.

2. Die Kartoffeln waschen, schälen, in einen Topf geben und mit Wasser bedecken, aufkochen und fast zugedeckt 20 Minuten bei schwacher Hitze gar kochen.

3. Mithilfe eines Eisportionierers Bällchen von der Hackmasse abstechen und mit feuchten Händen rollen. In der Pfanne mit in etwas Öl portionsweise von allen Seiten anbraten, aus der Pfanne nehmen.

4. Für die Soße die Zwiebel schälen und fein würfeln, in der Pfanne vom Anbraten in etwas Öl glasig dünsten. Mit dem Fond ablöschen, die Sahne und die Sojasoße dazu geben und aufkochen. Die Stärke mit etwas kaltem Wasser glatt rühren, die Soße damit andicken und 2 Minuten köcheln lassen. Die Soße mit Salz und Pfeffer abschmecken. Die Köttbullar in die Soße geben und warm halten.

5. Die Milch für den Kartoffelstampf erwärmen. Die Kartoffeln abgießen, die Milch und die Butter dazu geben und alles mit dem Kartoffelstampfer stampfen, mit Salz und Muskat abschmecken.

6. Die Köttbullar mit dem Kartoffelstampf, Gurkensalat und den Preiselbeeren servieren.

Polpette
– italienische Hackbällchen

Zutaten für 4 Personen

Für die Polpette
1 Ciabatta-Brötchen
1 Zwiebel
500 g Rinderhackfleisch
1 Ei
80 g geriebener Parmesan
1 EL gehackte Kräuter
Öl zum Braten

Für den Sugo
1 Zwiebel
3 Knoblauchzehe
2 EL Tomatenmark
2 Dosen à 400 g Kirsch-tomaten
1–2 TL Oregano
Zucker, Salz und Pfeffer nach Belieben

Außerdem
400 g Spaghetti
Parmesan zum Bestreuen
Basilikum zum Servieren

Zubereitung

1. Für die Polpette das Ciabattabrötchen in kaltem Wasser einweichen. Die Zwiebel schälen und fein würfeln, in etwas Öl in einer Pfanne andünsten. Das Brötchen ausdrücken und mit dem Hack, dem Ei, dem Parmesan, die Kräuter und den Zwiebeln in eine Schüssel geben, kräftig mit Salz und Pfeffer würzen und gut vermengen. Ist die Masse zu weich, etwas Semmelbrösel untermengen. Kurz ruhen lassen.

2. Mithilfe eines Eisportionierers Bällchen von der Masse abstechen und mit feuchten Händen rollen. In der Pfanne mit in etwas Öl portionsweise von allen Seiten kurz anbraten, aus der Pfanne nehmen.

3. Für die Soße die Zwiebel und den Knoblauch schälen und fein würfeln, in der Pfanne vom Anbraten in etwas Öl glasig dünsten. Das Tomatenmark dazu geben und mit andünsten. Die Tomaten dazu gießen, die Dosen mit Wasser ausschwenken und dazu geben. Mit Oregano, Zucker, Salz und Pfeffer würzen und aufkochen. Die Polpette dazu geben und bei schwacher Hitze 30 Minuten köcheln lassen.

4. Die Spaghetti nach Packungsangaben garen.

5. Die Spaghetti mit ein paar Kellen Sugo mischen und mit den Polpette, frisch geriebenem Parmesan und frischem Basilikum servieren.

Süße Knödelei

Aebleskiver

– dänische Pfannkuchenbällchen

Zutaten für ca. 40 Stück

125 g + etwas Butter
250 g Mehl Type 405
4 TL Backpulver
¼ TL Salz
¼–½ TL Kardamom
4 Eier
380 ml Milch
Puderzucker zum Bestreuen

Tipp:

Die Aebleskiver können auch mit Marmelade, Nuss-Nougat-Creme oder Apfelstückchen gefüllt werden – einfach vor dem ersten Wenden einen kleinen Teelöffel der Füllung in die Mitte geben und wie beschrieben wenden.

Zubereitung

1. 125 g Butter schmelzen und etwas abkühlen lassen.

2. Das Mehl mit dem Backpulver, dem Salz und dem Kardamom nach Belieben vermengen. Die Eier trennen und die Eigelbe mit der Milch und der geschmolzenen Butter klümpchenfrei unterrühren. Die Eiklar zu Eischnee aufschlagen und unter den Teig heben.

3. Eine Aebleskiver-Pfanne mit tiefen runden Mulden auf mittlerer Hitze erhitzen, ein erbsengroßes Stück Butter in jede Mulde geben. Die Mulden fast bis zum Rand mit Teig füllen, wenn sich am Rand kleine Bläschen bilden, mithilfe eines Schaschlik-Spießes ein Viertel wenden. Wenn alle gedreht sind, die Bällchen nochmals ein Viertel wenden, sodass der noch flüssige Teig in der Mitte die Bällchen schließt. Kurz fertig backen.

4. Mit dem Spieß vorsichtig aus der Pfanne nehmen und eventuell im Backofen warm halten, bis alle ausgebacken sind.

5. Die Aebleskiver mit Puderzucker bestreuen und warm servieren. Optional etwas Konfitüre dazu reichen.

Apfelstrudel-Knödel

Zutaten für 6 Stück

Für den Strudelteig
65 g Butter
200 g Mehl Type 405
1 Prise Salz

Für die Füllung
3 Äpfel
2 EL Zitronensaft
2 EL Rosinen (optional)
3 EL Zucker
½–1 TL Zimt
50 g Butter

Zum Servieren
6 Kugeln Vanilleeis
150 g geschlagene Sahne
Puderzucker
zum Bestreuen

Tipp:

Die Vanillesoße von Seite 118 passt auch hervorragend dazu.

Zubereitung

1. Für den Teig die Butter schmelzen und etwas abkühlen lassen.

2. Das Mehl mit dem Salz, 50 g der geschmolzenen Butter und 100 ml lauwarmem Wasser vermengen und zu einem weichen glatten Teig kneten.

3. Den Teig mit der restlichen Butter einstreichen und unter einem heißen Topf 30 Minuten ruhen lassen – dazu etwas Wasser in einem Topf aufkochen, den Topf vorsichtig austrocknen und über den Teig stürzen.

4. Die Äpfel schälen und in sehr kleine Würfel schneiden, sofort mit dem Zitronensaft vermengen, dann die Rosinen, den Zucker und den Zimt untermengen. Den Backofen vorheizen und ein Backblech mit Backpapier auslegen.

5. Den Teig auf einem bemehlten Geschirrtuch dünn ausrollen und über die Handrücken zu einem Rechteck 48 x 36 cm ziehen. Die 50 g Butter schmelzen, den Teig damit einstreichen und zur Hälfte zusammenklappen. Den Teig in sechs 12 x 12 cm große Quadrate schneiden. Die Füllung ohne die Flüssigkeit auf die Quadrate verteilen. Die Enden so zusammenfalten und fest zusammenpressen, dass ein Knödel entsteht. Die Knödel auf das Backblech legen, mit der restlichen Butter bestreichen und backen. **Backzeit: 20–25 Minuten bei 220 °C (200 °C Umluft).**

6. Die Apfelstrudel-Knödel aus dem Ofen nehmen und noch heiß mit je einer Kugel Vanilleeis, einem Klecks Sahne und Puderzucker bestreut servieren.

Germknödel mit Vanillesoße

Zutaten für 9–12 Stück

Für die Knödel
250 ml Milch
½ Würfel Hefe
1 Prise + 40 g Zucker
80 g + etwas Butter
500 g Weizenmehl Type 405
1 Pck Vanillezucker
1 Prise Salz
1 Ei
9–12 EL Pflaumenmus
9–12 TL gemahlener Mohn
Puderzucker zum Servieren

Für die Vanillesoße
400 ml Milch
100 ml Sahne
1 Vanilleschote
4 Eigelb
4 EL Zucker
1 Prise Salz

Zubereitung

1. Die Milch etwas erwärmen, die Hefe in eine kleine Schale krümeln und mit etwas der warmen Milch und einer Prise Zucker verrühren, dann 5 Minuten ruhen lassen. Die Butter in die restliche warme Milch legen.
2. Das Mehl mit den 40 g Zucker, dem Vanillezucker und dem Salz in einer Rührschüssel vermengen. Die Hefemilch, die Milch mit der Butter und das Ei dazu geben, alles vermengen und etwa 7 Minuten zu einem glatten, elastischen Teig kneten. Den Teig zugedeckt etwa eine Stunde an einem warmen, zugluftfreien Ort gehen lassen, bis sich das Volumen verdoppelt hat.
3. Den Teig in 9–12 gleichgroße Teiglinge teilen, zu Kugeln formen, flach drücken, 1 EL Pflaumenmus in die Mitte geben und den Teig verschließen, zu einer Kugel rollen und mit etwas Abstand auf ein Stück Backpapier legen. Die Knödel nochmals 20–30 Minuten zugedeckt gehen lassen.
4. Einen oder zwei große Töpfe mit Dampfeinsatz mit Wasser füllen und aufkochen, die Knödel mit Abstand in den Dampfeinsatz setzen, den Deckel fest verschließen und etwa 15–18 Minuten bei mittlerer Hitze dämpfen. Den Deckel dabei auf keinen Fall öffnen.
5. In der Zwischenzeit die Vanillesoße zubereiten. Die Milch und die Sahne in einen kleinen Topf geben. Die Vanilleschote längs halbieren und das Mark auskratzen, beides zur Milch geben und aufkochen. Die Milch vom Herd nehmen und 10 Minuten ziehen lassen.
6. Die Eigelbe mit dem Zucker und dem Salz hell-cremig rühren. Die Schote aus der Milch entfernen, die warme Milch unter Rühren langsam unter die Eigelbmasse rühren, zurück in den Topf geben und langsam unter Rühren erwärmen – die Masse darf auf keinen Fall kochen, sonst flockt das Ei. Unter Rühren so lange erwärmen, bis sie dickflüssig wird und die gewünschte Konsistenz erreicht hat.
7. Die Germknödel aus dem Dampfeinsatz nehmen, mit je einem Teelöffel Mohn und etwas Puderzucker bestreuen und mit Vanillesoße servieren.

Marillenknödel

Zutaten für 8–12 Stück

600 g mehligkochende Kartoffeln
200 g Weizenmehl Type 405
½ Bio-Zitrone
50 g Hartweizengrieß
1 Eigelb
2 Pck Vanillezucker
1 Prise Salz
50 g + 50 g Butter
8–12 Marillen/Aprikosen
8 Würfel Zucker
200 g Semmelbrösel
1 EL Zucker
Puderzucker zum Bestreuen

Tipp:

Warum 8–12 Stück?
Es kommt auf die große der Marillen an. Bei großen Marillen wird mehr Teig benötigt, um sie einzurollen, bei kleinen etwas weniger.

Zubereitung

1. Für den Kartoffelteig die Kartoffeln waschen, in einen Topf geben, mit Wasser bedecken, aufkochen und etwa 20 Minuten kochen, bis sie gar sind. Dann abgießen und etwas abkühlen lassen. 50 g Butter schmelzen. Kartoffeln schälen und durch die Kartoffelpresse drücken.

2. Das Mehl zu den Kartoffeln sieben, die Schale der Zitrone dazu reiben, den Grieß, das Eigelb, ein Päckchen Vanillezucker, das Salz und die geschmolzene Butter dazu geben und zu einem formbaren glatten Teig verkneten. Den Kartoffelteig 15 Minuten ruhen lassen.

3. In einer Pfanne 50 g Butter schmelzen, die Brösel, den Zucker und ein Päckchen Vanillezucker dazu geben, unterrühren goldbraun rösten, aus der Pfanne nehmen und abkühlen lassen.

4. Den Teig zu einer Rolle formen und in 8 bzw. 12 gleich große Stücke schneiden und zu Kugeln rollen.

5. Die Marillen waschen, trocknen, aufschneiden, jeweils mit einem Stück Zucker füllen und wieder verschließen. Jede Teigkugel flach drücken, eine Marille darauf geben, mit dem Teig einschlagen und zu einem Knödel rollen.

6. Wasser in einem großen weiten Topf zum Kochen bringen, Hitze reduzieren, wenn das Wasser nur noch siedet, die Knödel hineingeben. Wenn die Knödel an die Oberfläche kommen, 3 Minuten ziehen lassen, dann mit dem Schaumlöffel abschöpfen.

7. Die Knödel gleich in den Bröseln wälzen, mit Puderzucker bestreut servieren. Dazu passt die Vanillesoße von Seite 118.

Quarkbällchen

Zutaten für 20 Stück

200 g Mehl
1 Pck Trockenhefe
75 g + 4 EL Zucker
1 Pck. Vanillezucker
1 Prise Salz
1 Ei
50 g weiche Butter
250 g Magerquark
Butterschmalz oder Öl zum Frittieren
1–2 TL Zimt

Zubereitung

1. Das Mehl und die Trockenhefe in einer Rührschüssel mischen. Den Zucker, den Vanillezucker, das Salz, das Ei, die geschmolzene Butter und den Quark dazu geben und mit den Knethaken des Rührgeräts 5 Minuten lang zu einem glatten Teig verkneten.

2. Den Teig zugedeckt an einem warmen Ort 45–60 Minuten gehen lassen.

3. Das Butterschmalz oder Öl in einem Topf oder der Fritteuse auf 170–180 °C erhitzen. Die richtige Temperatur ist erreicht, wenn sich an einem in das heiße Fett getauchten Holzspieß sofort viele kleine Bläschen bilden.

4. Mit einem bemehlten Löffel oder Eisportionierer etwas Teig abstechen und mit bemehlten Händen vorsichtig zu Bällchen formen, diese im heißen Fett schwimmend 3–4 Minuten goldbraun frittieren. Es können mehrere Bällchen miteinander frittiert werden. Die goldbraunen Bällchen mit dem Schaumlöffel aus dem Fett nehmen und auf Küchenpapier abtropfen lassen.

5. Die 4 Esslöffel Zucker und den Zimt mischen und die abgetropften Quarkbällchen darin wenden.

Zimt-Grießknödel mit Beerengrütze

Zutaten für 4 Personen

Für die Knödel
500 ml Milch
100 g + 25 g Butter
200 g Hartweizengrieß
2 Pck Bourbon-Vanillezucker
1 Prise Salz
1 Ei
100 g Semmelbrösel
1 gehäufter EL Zucker
1 TL Zimt

Für die Beerengrütze
300 g gemischte Beeren (TK)
2–3 EL Gelierzucker 2:1
1/2 TL Vanilleextrakt

Tipp:

Die Menge ergibt 16 kleine Knödel und reicht für 4 Personen als Dessert. Als Süßspeise zum Sattwerden das Rezept einfach verdoppeln.

Zubereitung

1. Für die Grießknödel die Milch mit 100 g Butter aufkochen, den Grieß mit dem Vanillezucker und dem Salz kräftig unterrühren, vom Herd nehmen und 10 Minuten quellen lassen. Den Grieß in eine Schüssel geben. Das Ei verquirlen und unter den Grieß rühren. Anschließend 20 Minuten ruhen lassen.

2. Für die Beerengrütze die Beeren in einen Topf geben, den Gelierzucker und das Vanilleextrakt dazu geben und langsam zum Kochen bringen. Die Hitze reduzieren und 3 Minuten leicht köcheln lassen. Vom Herd nehmen.

3. Aus der Grießmasse 16 kleine Knödel formen.

4. Reichlich Wasser mit 1 TL Zucker und ¼ TL Salz in einem großen weiten Topf zum Kochen bringen, Hitze reduzieren, wenn das Wasser nur noch siedet, die Knödel hineingeben und 20 Minuten ziehen lassen.

5. In der Zwischenzeit in einer Pfanne 25 g Butter schmelzen, die Brösel, den Zucker und den Zimt dazu geben, unter Rühren goldbraun rösten.

6. Die Knödel mit der Schaumkelle aus dem Kochwasser nehmen und gleich in den Bröseln wälzen. Die Zimt-Grießknödel mit der warmen oder kalten Beerengrütze servieren.

Auch hierzu passt die Vanillesoße von Seite 118.

Zwetschgenknödel

Zutaten für 12–16 Stück

90 g + 50 g Butter
500 g Magerquark
400 g Weizenmehl Type 405
½ Bio-Zitrone
2 Eigelb
2 Pck Vanillezucker
1 Prise Salz
12–16 Zwetschgen
12–16 Würfel Zucker
200 g Semmelbrösel
1 EL Zucker
Puderzucker zum Bestreuen

Tipp:

Warum 12–16 Stück?
Es kommt auf die Größe der Zwetschgen an. Bei großen Zwetschgen wird mehr Teig benötigt, um sie einzurollen, bei kleinen etwas weniger.

Zubereitung

1. Für den Quarkteig 90 g Butter schmelzen. Den Quark in eine Rührschüssel geben. Das Mehl dazu sieben, die Schale der Zitronen dazu reiben, die Eigelbe, ein Päckchen Vanillezucker, das Salz und die geschmolzene Butter dazu geben und zu einem formbaren glatten Teig verkneten. Den Quarkteig 15 Minuten ruhen lassen.

2. In einer Pfanne 50 g Butter schmelzen, die Brösel, den Zucker und ein Päckchen Vanillezucker dazu geben, unterrühren goldbraun rösten, aus der Pfanne nehmen und abkühlen lassen.

3. Den Teig zu einer Rolle formen und in 12–16 gleich große Stücke schneiden und zu Kugeln rollen.

4. Die Zwetschgen waschen, trocknen, aufschneiden, jeweils mit einem Stück Zucker füllen und wieder verschließen. Jede Teigkugel flach drücken, eine Zwetschge darauf geben, mit dem Teig einschlagen und zu einem Knödel rollen.

5. Wasser in einem großen weiten Topf zum Kochen bringen, Hitze reduzieren, wenn das Wasser nur noch siedet, die Knödel hineingeben. Wenn die Knödel an die Oberfläche kommen, 3 Minuten ziehen lassen, dann mit dem Schaumlöffel abschöpfen.

6. Die Knödel gleich in den Bröseln wälzen, mit Puderzucker bestreut servieren. Dazu passt die Vanillesoße von Seite 118.

Noch Fragen oder Anregungen?

Der direkte Kontakt mit unseren LeserInnen liegt uns sehr am Herzen. Wenn Sie also Nachfragen, Rückmeldungen, Anregungen, Verbesserungsvorschläge oder Kritik zu diesem Buch haben, freuen wir uns sehr auf Ihre Nachricht. Sie erreichen uns am besten via Mail an a.koessler@ava-verlag.de oder telefonisch unter (08 31) 5 71 42-51.
Wenn Sie uns im Internet besuchen möchten, dann finden Sie uns unter www.ava-verlag.de

Impressum

Herausgeber & Verlag:	AVA-Agrar Verlag Allgäu GmbH Porschestraße 2 • 87437 Kempten/Allgäu Telefon: (08 31) 5 71 42-0 • vertrieb@ava-verlag.de www.ava-verlag.de
Gesellschafter:	A. Kiechle, H. Kühnle, S. Kühnle-Weber, A. Weixler, Landwirtschaftsverlag Münster
Geschäftsführer:	Dr. Harald Ströhlein
Redaktion & Layout:	Anita Herta Kößler, Ulrike Steiger
Rezeptauswahl, Fotos & Umsetzung:	Mareen Kurray
ISBN:	978-3-98516-028-0
Druck:	Druckerei Grill GmbH & Co. KG D-71282 Hemmingen www.druckerei-grill.de

GEDRUCKT IN DER Heimat

Urheber- und Verlagsrecht: